中等职业教育会计类专业系列教材

财经综合知识

（修订版）

陈雪松　盛　琼　主　编

陈爱华　副主编

科学出版社

北　京

内 容 简 介

本书以培养中职学生的职业综合能力，打好专业基础，拓宽知识面为目标，以经济生活中所涉及的财政、金融领域的基础知识和基本现象为主线进行编写，内容涉及财政收入和支出、税收、货币、金融机构、利息与利息率、金融市场、股票、外汇和保险等十个方面。在编写中结合典型案例进行分析，力求深入浅出、通俗易懂，形式灵活多样，淡化理论，强化实践、重视能力培养，力求与中职学生的认知能力和岗位技能的要求相适应。

本书可作为中职学校财经商贸类专业教材，也可作为初涉财经领域相关人员的入门参考用书。

图书在版编目（CIP）数据

财经综合知识/陈雪松、盛琼主编. —北京：科学出版社，2011.6（2025.2修订）

（中等职业教育会计类专业系列教材）

ISBN 978-7-03-031104-7

Ⅰ. ①财… Ⅱ. ①陈… ②盛… Ⅲ. ①经济-中等专业学校-教材 Ⅳ. ①F

中国版本图书馆 CIP 数据核字（2011）第 090741 号

责任编辑：任锋娟 王 琳 / 责任校对：王万红

责任印制：吕春珉 / 封面设计：耕者设计工作室

科学出版社 出版

北京东黄城根北街 16 号

邮政编码：100717

http://www.sciencep.com

三河市中晟雅豪印务有限公司印刷

科学出版社发行 各地新华书店经销

*

2011 年 6 月第 一 版 开本：787×1092 1/16

2023 年 8 月修 订 版 印张：11

2025 年 2 月第九次印刷 字数：246 000

定价：36.00 元

（如有印装质量问题，我社负责调换）

销售部电话：010-62134988 编辑部电话：010-62135517-2015（SF02）

版权所有，侵权必究

前　言

本书针对当前中职学生的基本特点进行编写，通过与现实生活中的经济事例相结合的方式阐明财政金融的相关基础知识，使之兼具理论性和实用性。本书能使学生较为系统地了解财经基础理论和综合知识，开阔视野，提升专业素质，为后续专业课程的学习和就业打好基础。同时以培养学生可持续的学习能力为目标，增强学生的财经法制观念，提高学生的职业道德素质。

教育是国之大计、党之大计。培养什么人、怎样培养人、为谁培养人是教育的根本问题。育人的根本在于立德。本书坚持全面贯彻党的教育方针，落实立德树人根本任务，培养德智体美劳全面发展的社会主义建设者和接班人；坚持为党育人、为国育才，着力全面提高人才自主培养质量。

本书根据中职教育的培养目标，培养学生的综合素质，加强职业道德教育、职业技能训练和学习能力培养，培养学生运用财经基础理论知识分析财经案例的能力。本书涉及财政收支、税收、货币、金融机构、利息与利息率、金融市场股票、外汇和保险等十个方面的基础知识，淡化理论、强化实践，精简教学内容，重视能力培养。本书的每一章均以案例导入，并多处穿插有代表性的案例，使案例成为沟通理论与实践的桥梁。各章配有一定量的课后练习，注重讲练结合，体现教学合一的原则。通过深入浅出、通俗易懂、灵活新颖的讲解和小栏目设置（如“小知识”、“小资料”、“网络搜索”、“想一想”和课堂“讨论”等），增强学生的学习兴趣，提高学生学习的主动性。

本书由厦门工商旅游学校陈雪松和常德市财经学校盛琼负责拟定大纲、组织安排编写和协调工作。本书第 1 章、第 2 章由陈雪松编写，第 3 章、第 9 章由盛琼编写，第 4 章、第 6 章由宗彩云编写，第 5 章、第 7 章由李慧编写，第 8 章、第 10 章由陈爱华编写。

本书在编写过程中得到了厦门工商旅游学校、常德市财经学校和长沙市财经职业中等专业学校领导和有关老师的大力支持，在此表示衷心的感谢。

由于编者水平有限，不足和疏漏之处在所难免，欢迎广大读者提出宝贵意见和建议。

目　录

开篇语

财政是什么？金融是什么？保险又是什么？这些似乎只是些抽象的名词或概念，一时还不太好回答。好，那我们把问题放在一边，先来看一个例子。

董财经先生刚过了第三个本命年的生日，准备买第二套房子犒劳一下打拼了十几年的自己。董先生在一家事业单位工作，月收入有4000多元。前几年股市好的时候，在股票上大赚了一笔，算是他的第一桶金吧。然后买了房，如今也已升值过倍。经过这么多年的打拼，董先生已拥有了一定的“资产”。他决定再买套房子，当然得办理按揭贷款。还想采用分期付款的方式买辆车，还计划找个机会出国旅游……

好啦，我们暂时放下董财经先生的出国计划，看看他这若干年的工作和生活经历跟我们的《财经综合知识》有何关联？

请对照本书目录：

董先生的工资薪酬来自国家的财政支出；按照他的工资收入水平，应该交个人所得税，这属于税收范畴，还包括买卖股票要交的印花税；而税收是一个国家财政收入的主要来源；买卖股票需要在金融市场按照规定的方式进行股票交易；买房贷款离不开货币和银行，还得支付贷款利息，而银行就是金融机构的主体；买房、买车还需办理相应的保险；最后，出国旅行总得兑换一定量的外币，这属于外汇的范畴。

如此看来，我们的日常工作和生活跟“财经”还是紧密相连的。

我们再看看董财经先生给自己名字下的注语：“懂财经，懂，才精！”

第 1 章 财政收入

学习目标

1. 理解并掌握财政的概念，理解财政分配的主体、客体、目的、手段和形式。
2. 理解并掌握财政的基本特征和基本职能。
3. 掌握财政收入的概念，了解财政收入的分类。
4. 理解并掌握税收的概念，以及税收的特征、本质和作用。
5. 了解国债的特征、种类和作用。
6. 了解国有资产收入的概念、种类和规模。

案例导入

董财经先生有个活泼可爱的女儿，今年刚读小学。入学注册的时候只交了一点书本费等代办费，并不需要交学费。同学们都知道这是因为我国实行的是九年义务教育，从小学到初中都免交学费。但是同学们有没有想过，学校不收学费，也就没有了收入，那么学校要建运动场，要购入先进的教学设备，要发给老师工资……这么多的钱要用出去，钱从哪里来呢？有同学说，国家给呗。那么国家的钱又是从哪里来的呢？等学完了这一章的知识，同学们就会明白了。

1.1 财政概要

1.1.1 财政的基本概念

正如开篇语中所提到的，我们每个人都像董财经先生一样，在日常生活、工作和学习中都或多或少、或直接或间接地与“财经”发生着这样或那样的联系。换句话说，总是有许许多多的财经现象发生在我们的身边。首先，让我们来关注一下其中的财政现象。

> 想一想　“财”是什么？“政”是什么？

1. 财政现象

发生在我们身边的财政现象其实很多，比如，我们每天的起居所用到的水、电、煤

气，我们平时乘坐公交车，我们日常文化娱乐所需要的电视台、公园、图书馆，我们平日享受的城市环保和绿化，我们出行时要利用的机场、铁路和高速公路，还有像奥运会、世博会等大型国际活动的组办等，都离不开政府的投资兴建和提供。

一般而言，我们大多数的人一辈子都离不开政府。例如，在公办医院出生，在公办幼儿园接受启蒙教育，在公办学校接受九年义务教育，有的继续在公办大学里深造，我们中职学生每年还能享受政府给我们每个人的助学金补贴，就业后享受政府提供的诸如医疗保障等各种保障，退休后还可以获得社会养老保险……

此外，还有些现象是我们平常未必意识到的。比如，为了国家和民族的不受侵犯以及社会的安定和谐，政府设置了军队和警察；为了防治各种流行疾病、防治各种自然灾害和环境污染，政府出资支援救助和治理……

案例分析

关于汶川大地震的几组数据

中新网 7 月 21 日电　国务院新闻办公室根据国务院抗震救灾总指挥部授权发布：据民政部报告，截至 21 日 12 时，四川汶川地震已确认 69 197 人遇难，374 176 人受伤，失踪 18 222 人。

据民政部报告，截至 21 日 12 时，向灾区调运的救灾帐篷共计 157.97 万顶、被子 486.69 万床、衣物 1410.13 万件、燃油 220.6 万吨、煤炭 471.2 万吨。

据民政部报告，截至 21 日 12 时，全国共接收国内外社会各界捐赠款物总计 582.11 亿元，实际到账款物 579.19 亿元，已向灾区拨付捐赠款物合计 221.66 亿元。

据总参谋部报告，截至 20 日 24 时，抢险救灾人员已累计解救和转移 1 485 462 人。

据住房和城乡建设部报告，截至 20 日，地震灾区过渡安置房（活动板房）已安装 546 100 套、正安装 14 100 套、待安装 34 100 套，生产地已发运 6600 套、待发运 26 200 套。

据发展改革委报告，截至 20 日，向灾区调运的中央储备救灾粮累计出库 260 868 吨，食用油累计出库 8992 吨。

据财政部报告，截至 21 日 12 时，各级政府共投入抗震救灾资金 615.07 亿元。中央财政投入 550.74 亿元，其中：应急抢险救灾资金 250.74 亿元，灾后恢复重建资金 300 亿元。地方财政投入 64.33 亿元。

以上的各种财政现象有一个共同的特征，就是都离不开政府的参与。而政府花费如此之多的费用支出，资金又是从哪里来的呢？这就牵涉到财政现象的另一个方面，即政府要通过各种渠道从社会上筹集资金，取得收入，来满足如此庞大的政府开支。政府最主要的财政收入来源是企业和个人缴纳的各项税收，此外，还通过发行国债所取得的收入以及其他收入。

> 讨论　在抢险救灾中政府财政发挥了什么作用？

总之，政府的收入来自于社会，政府的支出用之于社会，简而言之，就是“取之于民，用之于民”。

“财”即财富、资金；“政”即政府、政权、政策等。连起来的意思就是政府运用政权集中分配一部分社会财富以满足社会公共需要的经济活动。

2. 财政

财政——市场经济社会的财政即公共财政，是指国家（或政府）为市场提供公共服务的分配活动或经济行为，是与市场经济相适应的一种财政模式或类型。

财政的概念围绕着“分配”回答了五个基本问题，即财政作为一种分配活动，由谁分配？怎样分配？分配什么？为什么分配？以什么形式分配？

（1）财政分配的主体

国家在财政分配中始终居于主导地位，国家是财政分配活动的决定者、组织者和管理者，国家决定着财政收入和财政支出的范围、数量和方式。没有国家这一分配主体，也就不会存在财政这种分配活动。

（2）财政分配的客体

国民收入是指一国在一定时期内（一般指1年）所生产的最终产品和所提供的全部服务的市场价值的总和是国家取得财政收入的基本源泉。

财政分配的客体即分配对象，并非所有的社会财富都是财政分配的客体，而是一部分社会产品与服务，即一部分国民收入。

（3）财政分配的目的

财政分配的目的是为了满足社会公共需要。社会公共需要是社会公共利益的需要，是社会整体的需要，既不同于私人需要，也并不是个别人需要的简单相加。如维护国家主权和领土完整，维护社会稳定、防治污染、预防流行性疾病，维护经济正常有效的运行等，这些需要都由政府提供。因此，也可以说财政分配的直接目的是满足国家实现其社会管理和经济管理职能的需要。而个人、家庭和单位等的生产、生活需要，应由市场来提供。

（4）财政分配的手段

财政分配的手段是依据国家权力（包括政治权力和财产权力）而进行的集中分配。由于国家一般不直接从事物质资料的生产，不创造社会财富，而国家又必须实现其社会管理和经济管理的职能，满足社会公共需要，因此，国家必须凭借其政治权力（立法权、司法权、行政权）进行强制性分配，如征税。此外，国家还可以凭借其财产权力取得社会财富，即通过法律形式占有一部分社会资源，从而以财产所有者的身份参与分配，如取得国有股的分红、取得国有资产上缴的利润等。

（5）财政分配的形式

财政分配的形式主要是价值形式。在人类社会早期，财政分配的形式有实物和力役形式，而在商品经济和市场经济条件下，财政分配则以价值形式为主，表现为货币的收付。

（6）财政的产生和发展

财政并不是伴随着人类的产生而产生的，而是人类社会发展到一定的历史阶段的产物。原始社会末期，社会生产力得到了一定程度的发展，出现了剩余产品，出现了私有制，产生了阶级，形成了国家。此时，根据国家的需要，产生了财政。

财政的产生需要同时满足三个条件。

1）国家的产生是财政产生的政治前提。没有国家，就没有了分配的主体，也就没有财政存在的必要。

2）满足国家实现其职能的需要，即满足社会的公共需要，是财政产生的目的。

3）剩余产品的存在是财政产生的经济前提。没有剩余产品，国家就没有可供分配的对象。

财政产生后，随着人类社会的不断发展而发展，并将伴随着人类社会的演进，随着人类公共组织形式的发展而发展。

1.1.2 财政的基本特征和职能

想一想 董财经先生的朋友买体育彩票中了500万，他实际能拿到多少？为什么？他可以不交税吗？为什么？

1. 财政的基本特征

财政分配与市场分配不同，有三个基本特征。

（1）强制性

财政分配的主体是政府，政府是依据国家的政治权力进行强制性分配的。例如，义务教育、税收政策等，这类分配个人必须接受。而市场分配则不同，如果对分配不满意，个人可以不交换，可以选择退出。

（2）无偿性

政府可以无偿地占有其他主体的收入，如征税。另外，政府提供的公共物品也是由全体社会成员无偿消费的，如公园。这与遵循等价交换的市场分配不同。

（3）非营利性

政府财政活动的目的为满足社会的公共需要，如维护国家和平统一、基础设施的建设、发展教育、医疗、公共卫生等。虽然政府也经营一些国有企业，但政府不单纯地以营利为目的，其更重要的使命是满足社会公共的需要。当然，非营利性并非不能盈利。

想一想 财政是“取之于民，用之于民”，财政分配又是“无偿”的，两者有无矛盾？

小资料 本报（人民网—人民日报）北京2010年8月3日电（记者白天亮）《国务院国资委2009年回顾》今天发布：纳税方面，2002年～2009年，中央企业上缴税金从2915亿元增加到11475亿元，年均增长21.62%，累计向国家上缴税金5.4万亿元。通过数据研究得出，国有企业的税负明显高于其他类型企业，近年来税负均值为27.3%，是私营企业税负综合平均值的5倍多，是其他企业中税负最高的股份公司的税负平均值的2倍。

2. 财政的基本职能

财政的职能是指财政本身所固有的并且经常起作用的功能，主要包括三个方面。

（1）优化资源配置职能

1）优化资源配置职能的含义。资源是指社会经济活动中人力、物力和财力的总和。配置是指对相对稀缺的资源在各种不同用途上加以比较，然后作出的选择。那么优化资源配置职能，就是指政府通过财政的收与支对人力、物力和财力等社会资源，在不同的用途和不同的使用者之间进行合理调配，使之得到更有效的利用。

在社会经济发展的一定阶段上，相对于人们的需求而言，资源总是表现出相对的稀缺性，从而要求人们对有限的、相对稀缺的资源进行合理配置，以便用最少的资源耗费，生产出最适用的商品和劳务，获取最佳的效益。资源配置合理与否，对一个国家经济发展的成败有着极其重要的影响。一般来说，资源如果能够得到相对合理的配置，经济效益就显著提高，经济就能充满活力；否则，经济效益就明显低下，经济发展就会受到阻碍。

在市场经济条件下，资源配置的主体是市场本身，但市场并非万能的，在某些领域存在着市场失灵现象，从而使得整个社会的资源配置缺乏效率。因此，政府就应该补缺堵漏，在市场失灵的领域充分发挥校正与补充等协调的功能，以最终实现优化资源配置的目标。

市场失灵是指市场无法有效率地分配商品和劳务的情况。市场失灵也通常被用于描述市场力量无法满足公共利益的状况。

2）如何实现资源配置职能。政府主要通过税收、国债、投资和国家补贴等活动实现对资源的有效配置，主要表现在两个方面，一是调节资源在不同地区间的合理配置。这是因为各地区之间由于历史、地理和自然条件方面的差异，从而造成各地区间的经济发展水平的不平衡。如果任由市场自发配置资源，可能会造成发达地区与落后地区更大的落差；二是调节资源在不同部门间的合理配置。由于市场总是把资源优先配置到那些能带来高利润的产业部门，从而造成各部门发展失衡、产业结构不合理。以上两点都说明，政府有必要通过财政政策来改善和优化资源的配置。

（2）调节收入分配职能

1）收入分配职能的含义。收入分配职能是指通过政府的财政收支活动，调节国家、集体和个人之间的分配，实现收入在全社会范围内公平分配的目标。公平分配包括经济公平和社会公平两个层次。经济公平是市场经济的内在要求，强调要素的收入与投入相对称，这可以由市场的等价交换机制来实现，当然，其前提是在公平竞争的市场环境下；而社会公平则强调将社会各阶层之间的个人收入的差距维持在居民所能接受的合理范围之内，其目的在于避免贫富差距过于悬殊。

“按资分配”或“按能力及贡献分配”的市场机制无法实现社会公平，这是由于人们某些先天性、基础性的差异使得人与人之间在能力、贡献和资本的提供等方面存在很多差异，从而造成收入上的差异，而市场机制在发挥作用时，往往又会拉大人们之间的收入差距。因此社会公平就只能通过政府使用财政手段来实现，即“经济公平靠市场，

社会公平靠政府”。

2）如何实现收入分配职能。一是政府通过税收工具可以在相当大的范围内实现对收入的调节，如对高收入者征收较高的税率来缩小收入差距，或是通过调高起征点对收入较低者进行照顾，或是通过调节企业所得税的税率来调节企业的利润水平等。二是政府通过财政支出的安排，在一定程度上改变收入分配的格局，如通过社会保障支出、救济支出等对丧失劳动能力的人和失业的人等社会弱势群体提供基本生活保障，通过加大义务教育投入，来提高低收入阶层的文化水平乃至挣钱的能力；还有通过政府管制对市场机制进行直接的干预，如劳动法规定的最低工资制。

案例分析

谁拥有财富

一个车牌号要卖11万元，一盘翡翠饺子要卖3万元，两瓶可乐690元，杭州一家酒店的年夜饭19.8万元一桌，一套黄金书卖价超过2万元。2006年2月4日，南京某珠宝店推出“天价”金碗每只238 888元。中国社会尚未全面达到小康水平，但“天价”商品如潮水般地涌来，冲击着人们的神经。

面对众多的“天价”，人们不禁会问：中国到底富不富？哪些人有钱？众所周知，我国人均年收入刚刚超过1000美元的“温饱线”。根据国际通用的贫富差距指标——基尼系数，中国2004年底已经达到0.4577，超过了国际通用的0.4的安全水平，表明我国的贫富差距不小。换句话说，“天价”车牌号、“天价”年夜饭、黄金书、金碗等均与普通人无关。普通的人或生活在最低生活标准线附近的贫穷者需要的是基本的日常生活用品，但他们的收入不高，购买力有限。高收入者或先富裕起来的富人拥有一切，“天价”商品对他们来说根本就不算什么。

经济理论与人类社会的实践充分表明：贫富差距悬殊是影响社会稳定和社会发展的一个重要因素。改革开放以来，我国居民收入分配关系变化的一个重要特征是财富越来越多地向高收入阶层集中，并由此导致贫富差距呈扩大趋势。我国目前的收入分配格局已经令人担忧。

（资料来源：据《中国改革报》2006年2月20日报道改编）

简要分析：针对我国收入差距不断扩大的问题，政府有必要在分配领域通过适当的制度安排，尽可能将分配的不平等程度限制在一定范围内。要以提高低收入者的收入水平作为分配工作的重点，努力使占我国大多数人口的低收入者（特别是农民）的收入有较快的增长，这是解决中国贫富差距过大的关键所在。而通过税收手段对高收入者的收入进行一定的调节也是国际社会普遍使用的方法。同时，建立完善有效的社会保障体系，为低收入者提供收入保障，完善转移支付制度，促进公共产品供给均等化，推动落后地区的经济发展，提高落后地区人民的生活水平也是政府加以重视的问题。

（3）稳定经济和社会发展职能

讨论 财政应如何在实现公平分配中发挥作用？

1）稳定经济和社会发展职能的含义。稳定经济职能是指政府通过选择、制定、实施和调整财政政策，实现一国充分就业、物价稳定、经济增长和国际收支平衡等政策目标的功能。社会发展职能是指在经济增长的基础上，使国民经济结构日趋合理，经济条件、政治条件和文化条件健康发展的职能。

2）如何实现稳定经济和社会发展职能。实现经济稳定和社会发展，关键是要做到社会总供给和总需求的平衡。即通过政府财政政策的选择、财政收支活动的调节和制度性的安排，发挥财政"内在稳定器"的作用。

政府通过财政这种内在稳定功能，对生产、消费、储蓄和投资等行为产生影响，使社会就业率、物价水平和国际收支差额保持在合理区间内，以保持经济稳定增长。同时，政府还应提高科教文卫等方面的支出，完善社会保障制度，保护生态环境，使增长与发展相互促进，相互协调，尽量避免出现"有增长无发展"的现象。

小知识 一般认为现代财政制度具有自动调节国民经济的功能。通货紧缩时，具有阻止经济进一步衰退的功能；通货膨胀时，具有抑制经济进一步扩张的功能。这种无需改变政府政策就能使政府的财政收入和支出自动变动，从而自动减少国民经济波动，稳定经济的机制被称为内在稳定器。其主要体现在：个人所得税、公司所得税、政府转移支付的自动增减及农产品价格维持制度等。

1.2 财政收入概述

1.2.1 财政收入的概念

财政收入是一定量的公共性质货币资金，是政府为满足支出的需要，通过一定的筹资形式和渠道，通过国家财政集中起来的由国家掌握使用的货币资金或实物资财。

也可以把财政收入看作是一个过程，即政府组织收入、筹集资金的过程，他是财政分配的第一个阶段或基础环节。

想一想 政府的财政收入和我们个人的收入有关系吗？如果有，是什么样的关系呢？

小资料 2007 年我国财政总收入累计完成 51 304.03 亿元，比上年同期增收 12 543.83 亿元，增幅达到 32.4%。2008 年全国财政收入 61 316.9 亿元，比上年增长 19.5%。2009 年全国财政收入 68 477 亿元，比上年增长 11.7%。

1.2.2 财政收入的类别

财政收入的类别可以从不同的角度去划分，以下介绍两种主要的分类。

1. 按财政收入形式分类

财政收入形式是指政府取得财政收入的方式、方法或途径。我国财政收入的基本形式是税收收入、国有资产收益、债务收入和其他收入，一般简称税、利、债、费。

（1）税收收入

税收收入是国家向经济单位和个人按照税法规定征收的各种税的总和，是取得财政收入的一种重要手段。税收收入是当今社会各国财政收入的最主要来源。

（2）国有资产收益

国有资产指的是属于国家所有的全部财产以及各种自然资源财富。国有资产收益是指国家以国有资产所有者的身份，所获取的利润、租金、股息、红利等形式的收益。

（3）债务收入

债务收入是政府以债务人身份按照信用原则从国内、外取得的各种借款收入。

（4）其他收入

其他收入主要是各种收费收入，包括事业收入、规费收入、罚没收入、国家资源管理收入和公产收入等。

2. 按财政收入征收的政府级别分类

（1）中央财政收入

中央财政收入是指由中央政府集中和支配使用的资金，主要来源于国家税收中属于中央的税收，中央政府所属企业的国有资产收益和中央地方共享收入中的中央分成收入等。

（2）地方财政收入

地方财政收入是指划归地方政府集中筹集和支配使用的财政资金，主要来源于地方税收，地方政府所属企业的国有资产收益，中央和地方共享收入中的地方分成收入和上级政府补助等。

（3）中央和地方共享收入

一个国家由中央和地方按一定方式分享收入的一类税收，亦称中央地方共享税，是依税收的征收管理权与收入支配权进行划分的。

此外，财政收入还可以按部门来源分为：第一产业部门（农业、林业、牧业、渔业）收入；第二产业部门（工业和制造业）收入；第三产业部门（非第一和第二产业的其他部门）收入。

我国的国家政权机构分为中央、省、市、县和乡（镇）五级，而原则上一级政权就应有一级财政与之对应，因而，我国财政也分为五级。

1.2.3 财政收入的规模

财政收入规模是指一定时期内（通常为一年）财政收入来源的总量，即财政收入的总水平。财政收入规模的大小，可以采用绝对量和相对量两类指标加以反映。前者适用于静态和个量分析，后者适用于动态和总体分析。

1. 财政收入规模的衡量指标

（1）绝对量指标

衡量财政收入规模的绝对量指标是财政总收入。在正常情况下，财政收入的绝对规模会随着财源的扩大而保持上升的势头。财政收入的绝对量指标系列，具体反映了财政收入的数量、构成、形式和来源。

小资料

2007～2009年财政收入规模指标

年　份	财政收入/亿元	GDP/亿元	绝对量指标/亿元	相对量指标/%
2007	51 321.78	257 305.6	51 321.78	19.95
2008	61 330.35	300 670.0	61 330.35	20.40
2009	68 477.00	335 353.0	68 477.00	20.42

注：1）2007/2008数据来自《中国统计年鉴2009》；2）2009数据来自温家宝总理2009年政府工作报告。

（2）相对量指标

衡量财政收入规模的相对指标，反映的是一定时期内财政收入占国内生产总值（GDP）的比重。财政收入的相对指标具有较强的分析意义。在正常情况下，财政收入的相对规模应该呈现出大体平稳的状态。

2. 财政收入规模的影响因素

谋求财政收入的增长，通常是一国政府财政活动的重要目标之一，尤其是在公共需求范围日益扩大的现代社会，保证财政收入增长更为各国政府所重视。但财政收入能有多大规模，能以何种速度增长，不是或不完全是以政府的意愿为转移的，而是受到各种经济和社会因素的制约和影响。这些因素主要有以下几点：

（1）经济技术因素

经济发展水平和技术进步是决定财政收入规模的基础。两者之间是“源”和“流”的关系：前者是源，后者是流，源远则流长。一国的经济发展水平主要表现在人均占有GDP上，它表明一国生产技术水平的高低和经济实力的强弱，反映一国社会产品丰裕程度及其经济效益的高低，是形成财政收入的物质基础。一般来说，随着经济发展水平的不断提高，国民收入不断增长，该国的财政收入规模也会不断扩大。如英、法、美等西方主要国家，19世纪末财政收入占国内生产总值的比重一般为10%左右，而到20世纪末，则上升到30%～50%。从横向比较看，经济发展水平较高的发达国家财政收入水平一般高于经济发展水平较低的发展中国家。根据相关数据计算，目前低收入国家的财政集中率平均为21%，下中等收入国家平均为25.7%，中等收入国家为28.2%，高收入国

家平均为39.5%。

从推动经济发展的因素看，技术进步的提高起着关键的作用。技术进步对财政收入规模的影响可以从两个方面来分析：一是技术进步加快了生产速度、提高了生产质量，增加了国民收入，从而使财政收入的增长有了充分的财源；二是技术进步降低了物耗比例，提高了人均产出比率和社会剩余产品价值率。由于财政收入主要来自剩余产品价值，所以技术进步对财政收入规模的影响更为明显和直接。

（2）收入分配政策和制度因素

在经济发展水平和技术进步既定的条件下，一国的财政收入规模，还取决于收入分配政策和其他制度因素。一般来说，实行计划经济体制的国家，政府有较大的财政收入规模。例如，苏联、东欧国家以及改革开放前的中国。而实行市场经济体制的国家，政府活动定位于满足公共需要，市场机制在资源配置及收入决定中发挥基础性作用，收入分配政策的选择和实施以弥补市场缺陷为主，财政收入规模就相对较小。

即使在经济发展水平相当的国家，由于政治、社会、经济制度等方面的差别，也会造成财政收入规模的差异。因为不同的制度对政府职能和作用的要求不同，必然影响财政在整个国民收入分配中的份额。

（3）其他因素

1）价格因素。由于财政收入最终表现为货币收入，价格水平及比价关系的变化必然会影响财政收入规模。在经济发展水平、财政分配制度以及其他因素保持不变的条件下，价格水平的上涨会使以货币形式表现的财政收入增加，价格下降则使财政收入减少，这实际上是由价格水平的上涨或下跌引起的财政收入虚增或虚减。价格的涨跌对财政收入规模的影响是较为复杂的，比如，当商品的比价关系向有利于高税商品变动时，财政收入会有更快的增长，反之，则会降低财政收入的份额。

2）特定时期的社会政治环境因素。特定时期的社会政治状况也会引起财政收入规模的变化。如在发生内外战争时，国家必须动员各种财力以稳固政权或维护国家利益，因而财政收入规模会急剧扩大。

1.2.4 组织财政收入要遵循的原则

怎样组织财政收入？向谁收？收多少？如何收？这些都是十分重大的问题，关系到国家、单位和个人之间以及中央和地方两级间的物质利益，还关系到不同对象的合理负担问题。为了处理好这些关系，在组织财政收入时，必须把握好三个原则。

1. 发展经济，广开财源

因为经济决定财政，所以必须通过经济的发展来开辟财政收入的来源。具体有两方面的要求：一是财政收入的增长要建立在经济发展的基础上，做到“取之有度，不伤财源”，这涉及税率是否适度的问题；二是财政收入增长过程要有利于经济资源的优化配置，有利于经济发展和财源的培养，这涉及税制结构的安排和税种的选择问题。一般而言，生产发展，经济繁荣，财源丰裕，财政收入就会增加。

改革开放后，我国国民经济实现了持续、快速、稳定的增长，财政收入也实现了同步增长。1980年GDP为4517亿元，2000年增长到89 404亿元，翻了四番；同期的财政收入1980年为1085亿元，2000年为13 380亿元，也基本翻了四番。

2. 兼顾三者和两极利益

财政分配的对象是一部分社会产品，参与分配的主体包括国家（中央政府和地方政府）、企业（单位）和公民个人。在组织财政收入的过程中，国家与企业（单位）、国家与公民个人、企业单位与个人之间存在着不同的利益，中央政府与地方政府之间也存在着不同的利益。财政分配在彼此之间是此消彼长的关系，要处理好这一分配矛盾，就必须同时兼顾国家、企业（单位）和个人这三者以及中央级财政与地方级财政这两级的利益，找到一个利益关系的相对平衡点，既要保证国家集中财力满足社会的公共需要，又要保证企业留有一定利润用于生产发展，还要保证公民个人的生活水平逐年有所提高。

3. 合理负担

合理负担主要是指在组织财政收入过程中，同等条件，同样对待；不同条件，区别对待，实现负担公平。具体就税收而言，按纳税人收入的多少，采取不同的征收比例，实行负担能力强的多负担，负担能力弱的少负担。通常通过采取不同的征税范围、不同的税率、减免税等方式来实现。这一原则是实现公平竞争的需要，也是保证国家财力的需要。

1.3 税收收入

税收收入作为财政收入的最为重要的组成部分，本书将其独立为一章内容进行专门阐述。本节仅就其概念和作用进行说明，有关税收特征、分类等具体内容详见第3章。

1998年以来我国税收占财政收入的比重

年　份	财政收入/亿元	税收/亿元	税收占财政收入的比重/%
1998	9 853	8 656.67	87.86
2000	13 380.11	11 855.58	88.61
2002	18 914	17 004	89.90
2005	31 649.29	30 866	97.53
2007	51 304.03	49 442.73	96.37

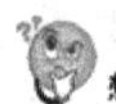
想一想 (1)以上资料表明税收收入与财政收入有什么关系?
(2)你参加工作后愿意交个人所得税吗?

1.3.1 税收

小知识 "税"字是由"禾"与"兑"两部分组成,"禾"是谷类,是农作物,"兑"是凭据支付的或送达意思,如兑付。所以,税的古义是国人向国家送达农产品。"税"字非常形象地反映了我国古代税收的基本来源和征收内容。

税收是国家为了实现其职能,凭借政治权力,按照法律规定的标准,向经济单位和个人强制地、无偿地取得相对固定的财政收入的一种手段。

在国家财政收入中,税收始终占有重要地位。一方面,其征收面广,占财政收入的比重大;另一方面,它所形成的财政收入稳定可靠。

1.3.2 税收的作用

税收作为一国参与社会产品分配的重要形式,在我国社会主义市场经济的运行中发挥着重要作用。

1. 税收是最终财政收入的基本形式

税收最原始、最基本的作用就是组织财政收入。税收通过强制和无偿的分配手段参与国民收入的分配,可以把分散在各部门的国民收入集中起来,以满足国家实现其职能的物质需要。所以,组织财政收入是税收的天职,是税收的基本作用。也正因为税收天生具有这种作用,所以才随着国家的发展而存在,至今依然发挥着重要的作用,显示着旺盛的生命力。税收能够保证收入数额的稳定性、收入来源的广泛性和收入获得的连续性,因此是一国获取财政收入的最主要的手段。

2. 税收是调节经济的重要杠杆

税收作为国家宏观调控的经济杠杆,是指国家通过征税,改变不同纳税人、不同经济部门在国民收入中所占的比重以及不同产品的盈利水平,从而对经济的发展产生某种影响的功能。国家在利用税收发挥组织财政收入作用的同时,还通过税种、种率、减免、加征等办法,对不同的纳税人、不同的经济部门、不同的社会产品实行征与不征、多征与少征,来改变不同纳税人和经济部门对国民收入的占有数量和比重,影响他们的物质利益,从而鼓励或限制某些部门经济的发展,改变经济结构。

税收是怎样调节经济的呢？

国家通过缴纳耕地占用税的税收政策，加强了对土地的管理；通过减征企业所得税（低税率）的税收政策，吸引了外商高新技术企业在我国的投资，促进了我国技术水平的提高；通过免征（免税）固定资产投资方面调节税，推动了煤炭、电力、核能、石油等国家基础产业的发展；通过免征和减征（减税）企业所得税，支持了边远和贫困地区新建企业的发展。

3. 税收是国家实现经济监督的重要手段

因为税收具有对经济进行监督管理的职能，所以税收能够实现对经济的有效监督。税收工作具有联系方面广、综合性强、信息灵通的特点，这就使税收成为监督管理国民经济的重要工具之一。首先，在日常的税收征收管理工作中，税务干部可以深入到国民经济的各部门，社会再生产的各环节，以及经济实体的生产、销售、利润分配及其使用的各方面，以便了解生产、经营、纳税等情况，总结经验，发现弊端，解决问题，同偷税、漏税、抗税等违法行为作斗争。其次，税收部门除了强化日常监督管理工作之外，还配合财政、审计、物价等部门进行年度财税大检查，对查出的大量违法案件进行严肃的处理，起到保护国家财政收入的作用。

1.4 国债收入

国债作为财政收入的一种形式，其出现要比税收晚得多，至今约 200 年的历史。但在当今世界，任何一国的财政都离不开国债的支持，国债既是筹集财政资金的一种特殊形式，同时也是实现宏观调控的重要手段，在一国的国民经济中发挥着相当重要的作用。

1.4.1 国债的概念和特征

1. 国债的概念

要想知道国债是什么，应先了解公债是什么。公债是政府以债务人的身份取得的一种债务收入。公债是各级政府借债的统称。中央政府的债务称为中央债，又称国家公债，即国债；地方政府的债务称为地方债。我国地方政府目前无权以自身名义发行债务，故人们常将公债与国债等同起来。

国债收入就是政府以债务人的身份，以国家的信用为基础，通过在国内外借款或发行债券的方式所筹集到的财政收入。

国债是财政收入的一种特殊形式。它是政府为了弥补财力的不足或为了调度社会资

金，在运用税收手段已无法满足资金需要或者不宜增加税收时，通过信用方式筹集的补充性财政收入。

国债是一个较为特殊的债务范畴。一般的私债须用财产或收益为担保或抵押，而国债则不同，国债是以国家信用作为担保的，是政府信用或财政信用的主要形式。

2. 国债的特征

1）自愿性。国债的自愿性是指国债的发行或认购建立在认购者自愿承购的基础上。认购者是否购买，买多买少，完全由认购者根据个人或单位的情况自主决定。这一特征与税收征收的强制性特征形成鲜明的对比。国债的发行是以国家信用为依托，以借贷双方自愿互利为基础，所形成的债权债务关系。

2）有偿性。国债的有偿性是指通过发行国债筹集的财政资金收入，政府必须作为债务如期偿还，并且还要按双方事先约定的条件向认购者支付一定数额的利息。利息就是认购者暂时让渡资金使用权的报酬。这一点与税收和收费收入等无偿取得的财政收入的形式不同。

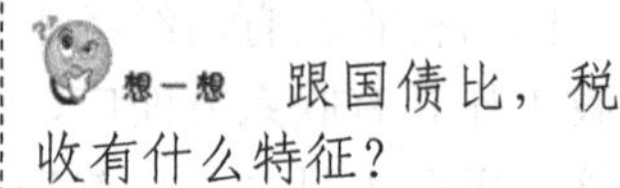

跟国债比，税收有什么特征？

3）灵活性。国债的灵活性是指国债发行与否、发行多少以及何时发行，可以根据财政资金的丰裕程度和供求情况，完全由中央政府灵活确定，不需要预先通过法律形式规定，这是国债非常突出的一个特征，形成与税收收入相对较固定的特点的明显区别。国债的灵活性使得国债形式能与其他财政收入形式互相配合、共同调节经济。

国债在我国的起源与发展

1898年“昭信股票”的发行标志着国债在我国的诞生。北洋军阀时期，从1912~1927年共发行国债27种；国民政府从1927~1936年，共发行国债45亿元；在抗战时期又发行国债90亿元；在新民主主义革命过程中，各根据地人民政府也发行过几十种国债。

中华人民共和国成立后，20世纪50年代发行过6次国债，第一次是1950年发行的“人民胜利折实公债”。1981年恢复发行国债，此后，每年都会发行国债，形式不尽相同。

1.4.2 国债的种类

1. 按借债的形式分类

1）国家借款。国家借款是指国家向本国的中央银行或外国政府、外国银行、国际金融组织的直接借款。

2）发行债券。发行债券是指国家通过一定的凭证举债，由单位和个人自由认购的一种筹集财政资金的方式。

2. 按筹措和发行地域分类

1）国内债券。国内债券简称内债，是指向本国境内的自然人或法人举借的国债。

2）国外债券。国外债券简称外债，是指向其他国家的政府、商业银行、国际金融组织和居民所借的款或发行的债券。

3. 按偿还期限分类

1）短期国债。短期国债是指偿还期在1年以内的国债。

2）中期国债。中期国债是指偿还期在1年以上至5年以内的国债。

3）长期国债。长期国债是指偿还期在5年以上的国债。

4. 按凭证形式分类

1）实物债券。实物债券是指政府在发行国债时，交给购买者统一印制的、有固定面额的契约凭证。

2）非实物债券。非实物债券包括凭证式国债和记账式国债。

凭证式国债是指国债承销机构交给国债购买者的收款凭证，可记名，可挂失，但不能上市流通。记账式国债是由财政部通过无纸化方式发行的、以计算机记账方式记录债权，并可以上市交易的债券。

两种债券的最大区别在于：记账式国债可以随时买入或卖出，但价格无法预知，即债券市场的价格波动可能对投资者带来投资风险；而凭证式国债通常只能在发行期购买，当需要资金时，只能到原认购点提前兑取，其收益在国债发行时即已确定。

1.4.3 国债的作用

1. 弥补财政赤字

财政赤字是指在一定时期内（一年）财政收入小于财政支出的差额。出现财政赤字需要弥补，弥补的方法有三种：一是向银行透支；二是增加税收；三是发行国债。向银行透支意味着政府迟早要增印钞票来还，这就导致货币贬值，容易引发或加剧通货膨胀，故不可行。增加税收可能会导致过度征税，会影响经济的正常增长，在很多情况下不宜采用。而发行国债，只是政府暂时把社会上的闲置资金借来花，只是社会资金使用权的暂时让渡，不会增加流通中货币供应总量，不会引发通货膨胀。而且，发行公债比较简捷，可济急需。因此发行国债是较好的一种弥补财政赤字的方法。

> 想一想 什么是通货膨胀？

可见，国债的产生与弥补财政赤字有着密切关系。但也不能简单地理解为国债发行越多越好，国债发行过多也会给国家偿债带来很大的压力，从而影响经济的正常发展。

2. 筹集建设资金

从长远来看，国债还是筹集建设资金的较好形式。一些投资大、建设周期长、见效慢的项目，如能源、交通等重点建设，往往需要政府积极介入。

3. 调节经济运行

1）调节积累与消费，促进两者比例关系合理化。国债采用信用的方式，只是获得了一定时期内资金的使用权、没有改变资金的所有权，适当发行国债，可以使二者的比例关系趋于正常。

2）调节投资结构、促进产业结构优化。

3）调节金融市场、维持经济稳定。国债是一种金融资产、一种有价证券，国债市场可以成为间接调节金融市场的政策工具。

4）调节社会总需求，促进社会总供给与总需求在总量和结构上的平衡。

1.5 国有资产收入

1.5.1 国有资产和国有资产收入的概念

1. 国有资产的概念

国有资产是全民所有即国家所有的财产，是指国家以各种形式投资及收益形成的，或者接受的馈赠转成的，或者凭借国家的权力取得的，或者依据法律认定的各种类型的财产和财产权利。国有资产分为经营性资产、行政事业性资产和资源性资产。

1）经营性国有资产。经营性国有资产是指国家作为出资人在企业中依法拥有的资本及权益。

2）行政事业性国有资产。行政事业性国有资产是指由各级行政事业单位占有、使用，依法确认为国家所有，以货币计量的各种经济资源的总称，及行政事业单位的国有（公共）财产。

3）资源性国有资产。资源性国有资产是指具有开发价值的国有资源。

2. 国有资产的分类

国有资产的分类如表 1.1 所示。

表 1.1 国有资产按不同标准的分类

分类标准	具体分类项目	项目具体内容
按经济用途	经营性国有资产	经营性国有资产是指各类企业经营使用的和按企业要求经营使用的国有资产
	非经营性国有资产	非经营性国有资产是指用于事业、行政、公益服务而不直接参与生产、流通的国有资产

续表

分类标准	具体分类项目	项目具体内容
按资产存在形态	有形资产	有形资产是指具有价值形态和实物形态的资产，包括：固定资产、流动资产及资源性资产
	无形资产	无形资产是指不具备实物形态，却能在一定时期里提供收益的资产，包括：知识产权、工业产权及金融性产权
按行政隶属关系	中央政府管理的资产	
	地方政府管理的资产	
按所处的地理位置	境内国有资产	
	境外国有资产	

3. 国有资产收入的概念

国有资产收入是指国家凭借其所拥有的资产取得的财政收入，即经营和使用国有资产的企业、事业单位和个人把其收入的一部分交给资产所有者——国家。

国有资产收入具体包括国有企业利润上缴收入、股息和红利收入、租赁收入、国有资产产权处置收入等。

网络搜索

搜索“国有资产流失”并整理材料。

1.5.2 国有资产收入的形式

国有资产收入的形式，主要受国有资产经营方式的影响，随着国有资产经营方式的多样化，国有资产收入的形式也应多样化。

现阶段我国国有资产收益上缴的主要有以下四种形式：

1）股息、红利收入。股息红利收入指实行国有资产股份制经营方式中，国有股份在一定时期内根据企业经营业绩为国家财政提供的收入。

2）上缴利润。上缴利润是国有企业将实现利润的一部分按规定，或根据承包合同，上缴国家财政，是国有产权在经济上的体现。上缴利润的真正来源，是企业职工在剩余劳动时间里为社会创造的剩余产品的价值。

3）租金收入。租金收入是指租赁经营国有资产的承租人按租赁合同规定，向国家缴纳的租金。租金是承租人有偿使用、支配国有资产的报酬。

4）其他收入形式。除以上几种最常见的国有资产收益形式外，还有一些其他收入形式，如资源补偿费收入、资产占用费收入、国有股权证转让收入及国有资产转让收入等。

练　习　题

一、单项选择题

1. 财政分配的主体是（　　）。

A．税收部门　　B．集体　　C．国家　　D．地方政府

2. 财政产生的经济前提是（　　）。

A．国家的产生　　B．社会公共需要的存在

C．剩余产品的出现　　D．贫富不均

3．可以随时在债券市场上买入卖出的国债种类是（　　）。

A．长期债券　　B．短期债券　　C．凭证式国债　　D．记账式国债

4．在商品经济和市场经济条件下，财政分配以（　　）形式为主，表现为货币的收付。

A．价值　　B．实物　　C．力役　　D．多种

二、多项选择题

1．财政分配的基本特征有（　　）。

A．强制性　　B．自愿性　　C．无偿性　　D．非营利性

2．组织财政收入的原则包括（　　）。

A．发展经济，广开财源　　B．经济公平

C．兼顾三者和两极利益　　D．合理负担

3．国债的基本特征有（　　）。

A．自愿性　　B．灵活性　　C．有偿性　　D．固定性

4．财政的产生需要同时满足的基本条件包括（　　）。

A．国家的产生　　B．税收制度

C．剩余产品的存在　　D．满足公共需求

三、判断题

1．财政收入绝对量指标反映的是一定时期内财政收入占国内生产总值（GDP）的比重。（　　）

2．实物债券是指发行时与实物作保证的政府债券。（　　）

3．国有资产收入的形式就是指国有企业上缴利润的形式。（　　）

4．财政分配的“无偿性”与财政是“取之于民，用之于民”是有矛盾的。（　　）

5．税收收入是一国财政收入中最主要的收入，远远高于其他收入。（　　）

6．兼顾三者和两极利益中的两极是指国家和个人。（　　）

四、填空题

1．财政的三个基本职能是________、________和________。

2．财政收入按形式分类可以分成四种，简称为________。

3．税收是国家为了实现其职能，凭借________按照法律规定的标准，向经济单位和个人________地、________地取得相对固定的财政收入的一种手段。

4．国债的作用有________、________和________。

5．国债的非实物债券包括________和________两种。

第2章　财政支出

学习目标

1．理解并掌握财政支出的概念和财政支出的原则。
2．了解财政支出的分类方法和种类。
3．理解并掌握购买性支出的含义、类别（主要是科教文卫支出、行政管理支出和国防支出）及其主要内容。
4．理解并掌握转移性支出的含义、类别（主要是社会保障支出和财政补贴）及其主要内容。
5．能结合社会经济生产、生活中的案例了解和分析经济建设支出、科教文卫支出以及社会保障支出的有关问题。

案例导入

董财经先生利用周末带一家人到上海看世博会，虽然排队很辛苦，但是觉得挺值得，因为大开了眼界。董太太望着各国展馆感慨道："太漂亮了！建这些馆得花多少钱啊！"是的，上海世博会花了很多钱，就像北京奥运会、三峡大坝、嫦娥探月工程等，都得花很多钱。其他比如说建公园、建图书馆、发放助学补贴等，都得花或多或少的钱。那么，究竟是谁付出这些钱的？是以什么名目付出这些钱的？同学们，等我们学完这一章，许多问题就会迎刃而解了。

2.1　财政支出概要

2.1.1　财政支出的概念和原则

1．财政支出的概念

财政支出是以国家为主体，以财政的事权为依据进行的一种财政资金分配的活动，集中反映了国家的职能活动范围及其所发生的耗费。

财政支出是财政分配活动的第二个阶段，反映了国家的政策，界定了政府活动的范围和方向。国家将筹集起来的资金进行分配使用，用以满足经济建设和各项事业的需要。

2. 财政支出的目的

财政支出的目的是为了满足政府执行其职能的需要，因此政府职能范围的大小决定了财政支出范围的大小。在市场经济条件下，政府职能范围必须限定在市场失灵领域，从而决定了财政支出的范围也应只限于市场失灵领域。

3. 财政支出的地位和意义

财政支出具有重要地位，是政府宏观经济调控的重要手段。

一方面，财政支出直接构成和影响社会总需求，因而调节财政支出规模就可以达到调控社会总供需关系的目标；另一方面，财政支出结构的确立与调整，则对社会经济结构、产业结构的形成和变动，对国家职能的履行，有着至关重要的作用和影响。

财政支出具有重要的意义。

第一，财政支出推动了社会生产力的不断发展。

第二，财政支出促进了人民物质和文化生活水平的不断提高。

第三，财政支出为维护国家政权提供了物质保证。

4. 财政支出的原则

（1）效率原则

财政支出的效率原则，是指财政支出应有助于资源的配置，促进经济效益的提高。

由于市场存在失灵现象，使市场的资源配置功能不全，不能有效提供全社会所需要的公共产品和劳务，因而不能不要求政府以其权威来对资源配置加以调节和管理。政府对资源的配置则需要内在的约束和外在的监督，尽量避免因权力的滥用而造成资源的浪费。

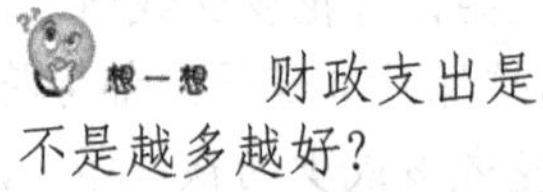

财政支出是不是越多越好？

（2）公平原则

财政支出的公平原则，是指财政支出应能够有助于社会公平的实现，提高社会大多数人的福利水平。在市场经济条件下，财富的分配取决于财产所有权和财富积累的分布状况；而收入的分配则取决于能力、职业训练和这些技能的市场价格。如果单纯依赖市场，则不可避免地会出现贫者愈贫、富者愈富的“马太效应”，从社会稳定角度出发，就要求进行社会的再分配，以实现社会的相对公平。

（3）稳定原则

财政支出的稳定原则是指财政支出应促进社会经济的稳定发展。

在市场经济条件下，市场体系无法有效协调其自身的所有活动使之达到平衡，会出现经济周期的兴衰更迭、失业和通货膨胀等现象。政府可以利用财政措施进行调节，通过财政支出规模、结构的变化来调节经济，引导经济运行，使经济实现平稳、健康的发展。

案例分析

公路反复改建为哪般

一条刚刚在今年7月份改造完成的园区公路，短短十几天之内又迎来了一次新的“彻底改造”。这不仅给过往车辆、周边居民生活带来不便，也造成了公共财政资金的浪费。

据了解，杭州市萧山区鸿达路去年年底开始动工改建，改建工程通过绿化带本身宽度压缩并向非机动车道扩展，将原来的4车道改建成6车道，新建的两个车道改成沥青路面，老车道保持水泥路面不变。整条路改建费用在1200万元左右。今年7月份才正式完工，已经验收使用。

施工人员说，现在又要把鸿达路原来的水泥路面全部砸掉，换成沥青路面，而7月份刚建成的两个沥青车道也要垫高10厘米左右。要求今年9月底前全部完工。

耗资千万元建成的沥青车道瞬间变成了“地基”，刚刚结束施工噪声、尘土、绕行影响的过往车辆和周边居民又要进入两个月的施工状态。施工单位相关工作人员对其原因纷纷表示不知情，8月6日记者带着问题走访了萧山经济技术开发区国土规划建设局的一位领导。

“本来我们打算在替代期结束以后再对鸿达路进行彻底改造，所以只进行了增加车道的施工。7月份杭州市相关部门来鸿达路视察，认为该道路会影响杭州的整体形象，所以决定将彻底改造提前。”这位领导说。“损失肯定是有的，在200万~300万元。”

声音一：浙江省社会科学院研究员杨建华称，公共基础设施重复建设、浪费建设、破坏性建设问题在全国范围内都存在。出现这种现象的主要原因可以归结为三点：一是公共设施规划不到位，实施前没有经过科学的专家论证，实施中没有按照规划要求严格执行；二是对公共财政支出没有严格的预算和使用监督；三是对公共设施建设中出现的问题没有形成有效的问责机制。

声音二：浙江大学教授范柏乃认为：“这是政府决策的失误。”他认为，在鸿达路建设过程中出现的重复建设问题造成了大量纳税人资金的浪费，政府有关部门和个人应该承担其相应责任。他说：“公共设施怎么规划和建设，不应该只凭某些领导、某些部门拍拍脑袋想、拍拍胸脯就作决定。”

（资源来源：据2010.8.10新华社电）

2.1.2 财政支出的分类

> 讨论 根据所学谈谈自己的看法。

对财政支出进行分类是对支出进行分析和综合的过程。其具有以下好处：一是适当的财政支出分类，可以促进社会公众对政府财政状况的了解；二是适当的财政支出分类，有利于促进政府预算的编制；三是适当的财政支出分类，有利于对财政支出问题进行研究。

1. 按经济性质分类

按财政支出的经济性质，即按照财政支出是否能直接得到等价的补偿进行分类，可以把财政支出分为购买性支出和转移性支出。

（1）购买性支出

购买性支出又称为消耗性支出，是指政府购买商品和劳务，包括购买进行日常政务活动所需要的或者进行政府投资所需要的各种物品和劳务的支出，即由社会消费性支出和财政投资支出组成。它是政府的市场性再分配活动，对社会生产和就业的直接影响较大，执行资源配置的能力较强。在市场上遵循等价交换的原则，因此，购买性支出体现的财政活动对政府能形成较强的效益约束。

（2）转移性支出

转移性支出是指政府按照一定方式，将一部分财政资金无偿地、单方面转移给居民和其他受益者，主要由社会保障支出和财政补贴组成。它是政府的非市场性再分配活动，对收入分配的直接影响较大，执行收入分配的职能较强。

购买性支出与转移性支出的区别，如表 2.1 所示。

表 2.1 购买性支出与转移性支出的区别

区　　别	购买性支出	转移性支出
政府身份不同	购买者	分配者
表现形式不同	购买商品或劳务，并直接形成对商品和劳务的需求	价值的单方面转移，不直接形成对商品和劳务的需求
产生影响不同	直接影响生产和就业，间接影响分配结构	直接影响分配结构，间接影响生产和就业

由此可见，如果购买性支出在财政支出总额中的比重较大，则财政活动对生产和就业的影响就大些，直接通过财政所配置的资源规模也就较大；反之，转移性支出所占比重较大，财政活动对社会收入分配的直接影响就大。

2. 按最终用途分类

按最终用途可将财政支出分为补偿性支出、积累性支出及消费性支出。

1）补偿性支出主要是对在生产过程中固定资产的耗费部分进行弥补的支出，例如，企业挖潜改造资金支出。

2）积累性支出是指最终用于社会扩大再生产和增加社会储备的支出，例如，基本建设支出、工业交通部门基金支出等，这部分支出是社会扩大再生产的保证。

3）消费性支出是指用于科教文卫支出、国防支出、行政管理支出和社会福利救济支出等，这部分支出对提高整个社会的物质文化生活水平起着重大的作用。

在发达的市场经济国家，财政支出按直接用途的不同可分为以下几项。

类别名称	具体解释	经济性质或作用
公共部门的消费性支出	即各级政府按现行市场价格购买商品和劳务的支出。包括工资、薪金、公共部门雇员的医疗费用等，它在整个财政支出中占有很大的份额	消耗性支出
公共部门投资	各级政府用于土地、建筑物、车辆、工厂及设备等固定资产的支出	消耗性支出
补　贴	主要包括各级政府无偿给予公共和私营企业的补助性支出，这种支出一般通过弥补亏损、提供补助的方式进行，以达到某种政策性的目的	转移性支出
经常拨款	政府给予个人的款项的拨付。主要包括养老金、失业救济金和贫困救助等社会保险及社会福利性支出。给予外国的开发性援助也往往包括在此类支出中	转移性支出
资本转移支出	中央和地方政府给予国内及国外私营部门的无偿投资性支出	转移性支出
对私营部门及国外的贷款	包括由本国政府对国内私营部门、外国各种机构的商业性贷款	金融中介作用

3. 按国家职能分类

按国家职能分类，实际上就是按照费用类别的不同划分，将财政支出区分为经济建设费、社会文教费、国防费、行政管理费和其他支出五大类。这种分类的优点在于可以将财政支出与国家职能直接联系起来，使得政府的财政支出责任明确，也便于公众了解国家政治、经济生活的各个方面。

1）经济建设费支出，服务于国家经济职能的支出，包括基本建设支出、流动资金支出、地质勘探支出、国家物资储备支出和商贸部门基金支出等。

2）社会文教费支出，服务于国家社会职能的支出，包括文教卫生支出、科学事业费支出和社会保障支出等。

3）国防费支出，服务于政府国防职能的支出，包括国防建设费用和民兵建设支出等。

4）行政管理费支出，服务于政府行政职能的支出，包括公检法支出和武警部队支出等。

5）其他支出，包括债务支出和政策性补贴支出等。

小资料

中央和地方财政主要支出项目（2008年）　单位：亿元

项　目	国家财政支出	中　央	地　方
总计	62 592.66	13 344.17	49 248.49
一般公共服务	9 795.92	2 344.55	7 451.37
国内外债务付息	1 305.09	1 249.19	55.90

续表

项　　目	国家财政支出	中　　央	地　　方
外交	240.72	239.15	1.57
对外援助	125.59	125.59	
国防	4 178.76	4 098.95	79.81
公共安全	4 059.76	648.63	3 411.13
武装警察	664.13	502.26	161.87
教育	9 010.21	491.63	8 518.58
科学技术	2 129.21	1 077.35	1 051.86
文化体育与传媒	1 095.74	140.61	955.13
社会保障和就业	6 804.29	344.28	6 460.01
医疗卫生	2 757.04	46.78	2 710.26
环境保护	1 451.36	66.21	1 385.15
城乡社区事务	4 206.14	14.33	4 191.81
农林水事务	4 544.01	308.38	4 235.63
交通运输	2 354.00	913.20	1 440.80
车辆购置税支出	1 002.74	659.19	343.55
工业商业金融等事务	6 226.37	2 133.90	4 092.47
地震灾后恢复重建支出	798.34	62.47	735.87
其他支出	2 940.79	413.75	2 527.04

（资料来源《中国统计年鉴 2009》）

2.2　购买性支出

2.2.1　科教文卫支出

1. 科教文卫支出的含义和性质

科教文卫支出是政府为满足劳动力再生产和劳动能力提高的需求以及精神文化消费需求而安排的用于科学、教育、文化、卫生等事业方面的支出。一般地讲，文化、教育、科学、卫生等事业不属于纯公共产品，而属于混合公共产品，一般由政府和私人共同分担有关的支出。由于科教文卫支出有助于整个社会文明程度的提高，有利于提升全体社会成员的素质，从而对经济的繁荣与发展具有决定作用，各国均对科教文卫事业给予较大程度的财力支持。

小知识

公共产品具有消费或使用上的非竞争性和受益上的非排他性。它是指能为绝大多数人共同消费或享用的产品或服务。如国防、公安司法等方面所具有的财物和劳务，以及义务教育、公共福利事业等。公共产品的特征是一些人对这一产品的消费不会影响另一些人对它的消费，即具有非竞争性；某些人对这一产品的利用，不会排斥另一些人对它的利用，即具有非排他性。一般由政府或社会团体提供。

公共产品可分为纯公共产品和混合性公共产品（即准公共产品）。纯公共产品同时具备非竞争性和非排他性两个特征，而混合公共产品通常只具备上述两个特性的一个，而另一个则表现不充分。

2. 科教文卫支出的分类

科教文卫可以按支出的部门和支出的用途进行分类。

（1）按支出部门划分

按支出部门划分他包括：科学研究支出、教育支出、文化支出、卫生支出、体育支出、通信与广播电视支出和文物保护支出等。

我国的政府预算收支科目表中的科教文卫支出主要有以下项目：

1）文化事业费。文化事业费指文化部和地方文化部门的事业费，包括艺术表演团体经费、图书馆经费、群众文化经费等。

2）教育事业费。教育事业费指各级教育部门及其举办的各类学校的事业费，包括教育部门举办的各类中小学及幼儿教育经费、中等职业技术教育经费、成人高等教育经费以及广播电视教育经费、特殊教育经费和经国家批准设立的全日制普通高等院校（包括研究生）经费及留学生经费等。

3）科学事业费。科学事业费指各级科委、科协和社会科学院及其归口管理部门的事业费，包括自然科学事业费、科协事业费、社会科学事业费、高技术研究专项经费等。

4）卫生事业费。卫生事业费指卫生部及地方卫生部门的事业费，包括医院经费、卫生院补助费、防治防疫事业费、妇幼保健经费、合作医疗补助费、中医事业费等。

5）体育事业费。体育事业费指国家体育总局和地方体育系统的事业费，包括体育竞赛费、优秀运动队经费、业余训练费、体育场馆补助费等。

6）通信事业费。通信事业费指新华社及专业通讯社的事业费。

7）广播电影电视事业费。广播电影电视事业费指国家广播电影电视总局和地方广播电视部门所属电视台以及电视发射台、电视转播台的经费，包括广播电台经费、电视台经费、县广播站经费等。

此外，科教文卫支出还包括出版、文物、档案、地震、海洋、计划生育等项事业的事业费支出。

（2）按支出的用途划分

按支出的用途划分主要有人员经费支出和公用经费支出。

1）人员经费支出。人员经费支出是指主要用于科教文卫等事业单位的工资、补助工资、职工福利费、离退休人员费用、奖学金等的开支项目。其中，工资是最主要的内容。

2）公用经费支出。公用经费支出是指主要用于解决科教文卫等事业单位为完成事业计划所需要的各项费用开支。这些公用经费开支主要包括公务费、设备购置费、修缮费、业务费等。

科教文卫支出属于社会消费性支出。从内容上看，科教文卫支出仅指财政用于科教文卫等部门的经常性开支，科教文卫支出绝大部分用于人员经费和公用经费。就该类事业的过程来说，是消耗物质资料、消耗财力的过程，特别如体育、文艺、广播电影电视等事业单位不直接创造生产力，只是为劳动者提供精神食粮，从而激发劳动者的生产积极性。因此，总体而言，该类支出属于社会消费性支出。

科教文卫支出属于非生产性支出。文教科卫等事业部门是非物质生产部门，不生产物质产品，也不提供生产性劳务。但该类事业的发展与物质财富的生产有着密切关系，而且其贡献越来越大。文化、教育、医疗保健等不仅仅是一种消费性支出，而且是一种不可或缺的人力资本投资。从这个意义上讲，科教文卫支出中有相当一部分也具有生产性的特征。

正是科教文卫事业在现代社会经济发展中发挥着日益重要的作用，各国政府才不遗余力地投入大量资金发展科教文卫事业，科教文卫支出规模呈现出日益增长的趋势。

根据2009年5月5日国务院常务会议精神，为保障甲型H1N1流感防控工作，中央财政安排50亿元专项资金。5月11日，中央财政拨付专项资金4.45亿元，用于抗病毒药品以及临床治疗器械储备。

3. 为什么安排科教文卫支出

科教文卫事业在现代社会生活中有重要地位，这方面的支出是国家财政用于发展文教科学卫生事业，丰富公众文化生活，保障人民身体健康等各项事业的经费支出。主要表现在以下三方面：

1）科学技术是第一生产力，理应加大资金投入的力度。

2）教育是科学技术的基础和源泉，文化教育是一国的立国之本。

3）文化、卫生事业的发展直接关系到人民健康水平与物质文化水平的提高。

当前，我国正处在全球经济一体化快速发展的大环境下，知识经济、信息经济的大潮向我们提出挑战。不断提高劳动者受教育的程度，不断提高其科学文化素质，培养高技术人才，已成为整个经济发展的关键。科教文卫这些非物质生产部门是社会再生产过程不可缺少的，对于提高生产水平和提高劳动者素质有十分重要的作用，对经济的繁荣与可持续发展具有不可替代的作用。因此，用于科教文卫事业的经费，能够带来更大、更长远和可持续的经济效益。

我国财政对教育的投入自建国以来一直保持较快增长，尤其是20世纪80年代以来，教育支出在财政支出中的比重迅速上升，从1970年的4%左右上升到1985年的15%左右，此后保持相对稳定。2008年为14.39%。

想一想 我们每个中等职业学校的学生每月都能得到政府给我们的助学补贴150元，这部分钱从哪里支出？来源是什么？起到什么作用？如果每年按10个月计算，如果全国每年有100万新入学的中职学生，请大家算一算，针对这100万新生，政府每年总共要支出多少助学补贴？2010年全国预计招生830万，将新增多少助学补贴？

4. 如何管理科教文卫支出

国家财政在保证科教文卫等事业单位经费供应的前提下，为提高经费支出的使用效果，争取“少花钱，多办事”，国家对此制定了专门的管理制度和方法。

（1）管理制度

定员定额管理是为了合理安排和控制科教文卫等事业单位的经费支出，特别对其人员编制和财务收支限额制定的管理制度。主要包括定员管理和定额管理。

1）定员管理指国家劳动人事部门核定的科教文卫等事业单位的人员编制制度，是根据单位的规模对其人员编制或定员比例所规定的人员指标额度，一般按照事业的规模或业务工作量来确定。如学校教职工的人员编制，就是根据教职工与学生人数之比确定的。

假设某中职学校当年平均在校生人数为5000人，国家规定的师生比为1∶10，则教职工编制的人数应为：5000×1/10＝500（人）。

2）定额管理指对科教文卫等事业单位按照其完成的业务工作量所需经费而设计的经费开支定额，有单项定额和综合定额两类。定额一般按照实际需要和财力进行测算，也可参照历年开支的规律来确定。

（2）管理方式

1）核定收支，即所有事业单位都要将全部收支统一编列预算，报主管部门和财政部门核定。

2）定额补助是根据单位收支情况，按一定标准确定补助数额；定项补助是对事业单位某些支出项目实行补助，如对工资支出项目、大型修缮和设备购置进行补助。

3）超支不补，结余留用是指事业单位收支预算经主管部门和财政部门核定后，由单位自求平衡，增收节支的结余留归单位继续使用，单位如有超支，一般情况下财政部门不予追加。

2.2.2 行政管理支出

1. 行政管理支出的含义

行政管理支出是财政用于国家各级权力机关、行政管理机关、政法机关和外交机构行使其职能所发生的费用开支。行政管理支出反映着国家性质和一定时期政治经济任务的主要方向，决定于国家政权结构及其范围。

2. 行政管理支出的内容

我国的行政管理支出主要包括行政支出、公检法支出和外交支出三部分。

（1）行政支出

1）国家机关经费，其中有各级人民代表大会常务委员会会议费，各级党政机关经费，民主党派和青年团、妇联等人民团体经费，以及由国家预算开支的乡行政干部经费等。

2）行政业务费，包括各级人民代表大会会议费、人民代表视察费、政协委员视察费、统战业务费、民族、华侨、宗教事务费、政治宣传费，以及高校学生毕业调遣费。

3）干部训练费，包括党政机关和人民团体所属的行政干部学校经费、训练班经费、党校和团校的经费等。

4）其他行政费，包括居民委员会补助费，工作人员6个月以上病假期间的费用，机关托儿所差额补助，离退休人员费用等。

小资料

在中央决定实行积极的财政政策和适度宽松的货币政策的背景下，2009年中央部门行政支出零增长的消息一经传出，立即引起国内外广泛关注。

行政支出增长过快是我国难治的一个痼疾。1980～2003年，我国行政管理支出由75.53亿元增加到4691.26亿元，增长62.1倍，是各类支出中上升最快的。1978～2004年，财政收入增加了23.3倍，行政支出增加却高达80倍。

2006年OECD（经济合作与发展组织）发表《中国公共支出面临的挑战》的报告指出，从政府支出的公开数据来看，中国政府支出规模并不过度，但从另一方面看，政府却以各种形式控制和支配了大量预算外支出。2004年纳入官方统计的中国各级政府预算内支出，占GDP的20.3%；预算外支出，主要是地方政府用于社会保障和其他方面的支出，分别占GDP的3.3%和3.4%；同时，地方政府还存在大量没有被官方统计和认可的制度外支出。在过去十年间，政府投资和行政支出占政府总支出的比重双双提高。

（2）公检法支出

1）司法检察支出。包括各级人民法院、人民检察院、司法行政机关的经费和业务费，属于事业编制的法律顾问处、科研单位经费，司法行政机关举办的中等专业学校、干部培训学校和短期班经费，以及工作人员病假6个月以上期间的费用和离退休人员费用等。

2）公安、国安支出。包括各级公安、国家安全机关的经费、业务费及地方消防业务费，人民警察学校和公安、安全干部训练学校经费，以及公安、安全人员病假6个月以上期间的费用和离退休人员费用等。

（3）外交支出

外交支出是指我国进行外交活动所开支的经费，包括驻外机构经费，各级党政机关、各民主党派和人民团体出国访问等的经费，以及对外国代表团的招待费，我国应缴国际组织会费，向外国政府或国际组织的捐赠支出，以及其他外事经费。

上述三类行政管理支出，如果按其用途不同，还可以分为人员经费和公用经费。其中，人员经费指用于个人部分的工资、补助工资、职工福利费、离退休人员费用和人民助学金等经费。公用经费指用于公用部分的公务费、设备购置费、修缮费、业务费、其他费用和差额补助费等。

3. 行政管理支出的管理

行政管理支出是一项有益于社会安定的公共管理支出，其支出水平具有“刚性”的特征，但其消费性质又决定了行政管理经费应尽量节约使用。从我国的情况来看，我国行政管理支出要合理、适度，不能超越社会经济发展水平，更不能超越国家财政的承受能力。具体而言，包括以下三点。

1）规范行政管理支出范围。

2）按市场经济要求进一步健全制度，加强财务管理，控制不合理支出。

3）认真贯彻执行预算法，严格预算管理，强化预算约束力，提高预算严肃性。

2.2.3 国防支出

1. 国防支出的含义和性质

国防支出是指财政用于国防建设、国防科研事业、军队正规化建设及民兵建设方面的费用支出。国防开支是任何一个主权国家维护其安全与独立必不可少的开支。

2. 国防支出的内容

我国财政的国防支出，其内容包括国防费、国防科研事业费、民兵建设费、专项工程及其他支出等。

国防支出的内容包括军队支出、后备役支出、国防科研事业费和防空经费等。他主要是直接用于军事建设的经费，包括人员经费和装备经费。同国家管理支出相比，国防支出所提供的服务也具有纯公共商品属性和纯消费性。

3. 国防支出水平影响因素

1）经济发展水平的高低。国防支出规模从根本上说是由经济实力决定的，经济实力越强，能用于国防方面的支出就大，经济实力越弱，国防开支就会受到很大的限制。

2）国家管辖控制的范围大小。一个国家领土越大，人口越多，用于保卫国土，保护国民安全的防护性开支就会越大。

3）国际政治形势的变化情况。在爆发军事战争或处于军事对峙时期，国防开支会大幅上升，而在和平时期，国家周边外交政策比较成功，与邻近国家和睦相处时，则国防开支会相应减少。

国防支出和行政管理支出一样，都属于纯粹的公共产品，因此只能由政府来提供，其经费来源于税收。我国 1999 年～2008 年国防预算开支如图 2.1 所示。

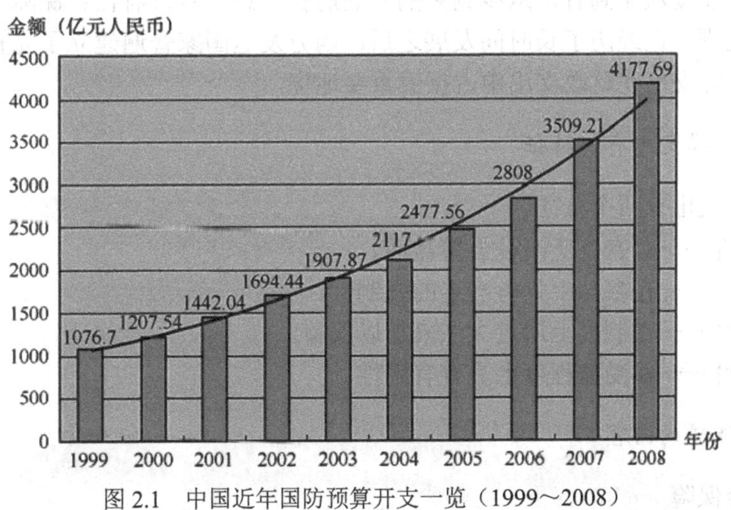

图 2.1 中国近年国防预算开支一览（1999～2008）

一、2009年各国军费开支及排名

1. 美国6120亿美元	4. 俄罗斯667亿美元	7. 德国395亿美元
2. 法国788亿美元	5. 日本580亿美元	8. 印度290亿美元
3. 中国大陆702亿美元	6. 英国530亿美元	9. 韩国208.57亿美元

二、被批准的2010年中国国防费预算为5321.15亿元（约合779亿美元），比去年增长7.5%，增幅有所下降。

三、全世界的军费开支有多少？

权威机构——瑞典斯德哥尔摩国际和平研究所对此的保守估计是：2005年已超过1万亿美元大关。其中，美国一家的军费开支就占世界军费总开支的47%左右。

四、军人人均军费

中国军人的人均军费约为10万元人民币，是美国的3.7%、日本的7.07%。

2.3 转移性支出

2.3.1 社会保障支出

1. 什么是社会保障和社会保障支出

社会保障是指国家向丧失劳动能力、失去就业机会及遇到其他事故而面临经济困难的公民提供的基本生活保障。社会保障支出就是指财政用于社会保障方面的支出。

一个经济社会要正常运转，仅有经济增长是不够的，还必须有一个安定的社会环境，而后者就是社会保障存在的前提条件。

社会保障制度从无到有，从少到多的发展历程，意味着政府社会保障支出也经历了由少到多的过程。在经历了长时间发展之后，西方发达国家普遍建立了完整的社会保障制度，社会保障支出在财政支出中占据着重要地位。

2. 社会保障支出有何特征

社会保障支出有四个特征。

1）广泛性——具有广泛的社会覆盖面。

2）强制性——在参与上具有一定的强制性。

3）立法性——在制度上通过立法来加以保障。

4）约束性——在受益程度上具有有限性。

3. 社会保障的内容

（1）社会保险

社会保险是指保障劳动者在失去劳动能力，从而失去工资收入后仍能享有基本的生活保障。它是现代社会保障的核心，是一国居民的基本生活保障，是社会保障体系中最重要的一环。

我们以盈利性作为标准，将保险区分为社会保险与商业保险。是否盈利，是区分这两种保险的最重要标志。社会保险作为一种为丧失劳动能力或暂时失去工作的人提供的收入保险制度，一般通过立法的形式由政府举办，强制从业职工在其就业年份里拨出一部分收入交纳保险税（费）作为保险基金，投保者交纳社会保险税（费）满一定期限后，一旦由于保险计划规定的原因丧失劳动能力而收入中断或减少时，被保险人可从基金获得固定的收入或损失的补偿，它是一种再分配制度，其目标是保证物质及劳动力的再生产和社会的稳定。

我国社会保险的项目主要包括医疗保险、养老保险、失业保险、疾病、生育保险、工伤保险、伤残保险等。

（2）社会救济

社会救济是指政府对收入在贫困线以下的居民和因自然灾害遭受损失或发生其他不幸事故而生活困难者提供资金与实物援助的一种社会保障制度。

应根据事权与财权统一的原则，建立国家分级管理救济的体制，即中央政府负责对特大自然灾害进行补助，地方政府负责一般的自然灾害救济及当地的贫困救济、孤寡病残救济支出。

小资料

2010年4月26日，青海省副省长张光荣在国新办举行的新闻发布会上表示，截至25日下午5时，已收到各种救灾资金、物资折合人民币近80亿元，其中捐赠资金近35亿元，救灾物资折价近40亿元，以及中央财政分两批给青海安排的5亿元，社会各界的捐赠还在继续进行。

张光荣表示，灾后补助发放方案已出台。困难群众生活补助，每人每天一斤成品粮和10元钱；遇难人员抚慰金，每人一次性发放8000元；过渡期转移的一次性补助，每一个转移人员150元；“三孤”人员的补助发放办法（孤儿、孤老、孤残），人均每个月1000元，发放3个月。目前，现在困难群众生活补助和遇难人员的抚慰金已经陆续开始发放，转移费和“三孤”的补助发放也即将开始。

（【南方周末】本文网址：http://www.infzm.com/content/44324）

（3）社会福利

社会福利是国家和社会根据有关法律规定，为保障和维护社会成员一定的生活质量，满足其物质和精神的基本需要而实行的制度、采取的措施和兴办的事业的统称。社会福利较社会保险而言是较高层次的社会保障制度，它是在国家财力允许的范围内，在既定的生活水平的基础上，尽力提高被服务对象的生活质量，是在劳动报酬或基本生活保障之外的给付和服务。社会福利有广义的社会福利和狭义的社会福利。

广义的社会福利是指提高广大社会成员生活水平的各种政策和社会服务，旨在解决广大社会成员在各个方面的福利待遇问题。包括国家和社会兴办的文化、教育事业，城市居民和职工的住房、医疗，城市和农村社区或企事业单位兴办的各类公益事业。

狭义的社会福利是指国家和社会为鳏寡孤独、盲聋哑残等社会生活中的弱者、困难

者提供各种社会照顾、物质帮助和特殊服务。

社会福利所包括的内容十分广泛，不仅包括生活、教育、医疗方面的福利待遇，而且包括交通、文娱、体育、欣赏等方面的待遇。社会福利是一种服务政策和服务措施，其目的在于提高广大社会成员的物质和精神生活水平，使之得到更多的享受。同时，社会福利也是一种职责，是在社会保障的基础上保护和延续有机体生命力的一种社会功能。

按享受对象类别来划分，社会福利可分为以下几种类型。

1）为全体社会成员提供的公共福利。国家或社会团体兴办的以全体社会成员为对象的公益性事业和社会服务。这些服务主要包括环境保护、教育、科学技术、文化、体育、卫生等。社会成员在享受这些社会福利时是免费或是低费用的。

2）有局部性或选择性的社会福利，主要是指政府为照顾一定地区或一定范围的居民对部分必要生活资料的需要而采取的优惠措施，如对寒冷地区居民给予的冬季补贴、夏季的降温补贴以及独生子女补贴等。

3）特殊社会福利，也称为民政福利。这是政府和社会慈善机构为特殊人群提供的福利，如专为老年人提供的老年福利、专为婴幼儿、少年儿童提供的儿童福利、专为妇女提供的妇女福利及专为残疾人提供的残疾人福利等。

（4）社会优抚

社会优抚是针对军人及其家属所建立的社会保障制度，是指国家和社会对军人及其家属所提供的各种优待、抚恤、养老、就业安置等待遇和服务的保障制度。

社会优抚是我国社会保障制度的重要组成部分，我国《宪法》第45条规定，“国家和社会保障残废军人的生活，抚恤烈士家属，优待军人家属”。保障优抚对象的生活是国家和社会的责任。

（5）社会互助

社会互助是指在政府鼓励和支持下，社会团体和社会成员自愿组织和参与的扶弱济困活动。社会互助具有自愿和非营利的特征，其资金主要来源于社会捐赠和成员自愿交费，政府往往从税收等方面给予支持。社会互助主要形式包括工会、妇联等群众团体组织的群众性互助互济、民间公益事业团体组织的慈善救助和城乡居民自发组成的各种形式的互助组织等。

4. 社会保障制度类型

世界各国社会保障制度大致可以分为救助型、保险型、福利型、国家保障型和自助型等五种模式。迄今为止，世界上已有将近150个国家建立了社会保障制度。但由于世界各国的社会制度、经济实力和文化背景等不同，推行社会保障制度的时间有先有后、有长有短。

（1）救助型社会保障制度

救助型社会保障制度是指国家通过建立健全社会保障的有关规章制度，保证每个社会成员在遇到各种不测事故时，能得到救助而不至于陷入贫困。对于已经处于贫困境遇的人们，则发给社会保障津贴，以维持其基本生活。这种制度目前主要在一些发展较为迟缓的非洲国家实行。

（2）保险型社会保障制度

保险型社会保障制度是在工业化取得一定成效，经济有雄厚基础的情况下实行的。其目标是国家为公民提供一系列的基本生活保障，使公民的失业、年老、伤残以及由于婚姻关系、生育或死亡而需要特别支出的情况下，得到经济补偿和保障。他起源于德国，随后为西欧、美国、日本所仿效。

小资料

芬兰、丹麦、挪威和瑞典四国的社会保障制度以“高税费、高福利”的北欧斯堪的纳维亚模式著称于世。以芬兰为例，社会保障体系分为三大部分：预防性社会和健康政策、社会和卫生服务及社会保险。可见芬兰的社会福利和保险涉及从人的出生到老年的全过程，从预防疾病、事故、控制饮酒、抽烟开始，到实施基本免费教育和医疗。芬兰整个90年代社会保障支出占GDP的比重保持在25%~30%。高福利的社会保障支出必然导致政府的高税费收入，从总体看，税收和缴费约占个人总收入的50%左右。

（资料来源：国务院发展研究中心）

（3）福利型社会保障制度

福利型社会保障制度是在经济比较发达，整个社会物质生活水平提高的情况下实行的一种比较全面的保障形式，其目标在于“对于每个公民，由生到死的一切生活及危险，如疾病、灾害、老年、生育、死亡以及鳏、寡、孤、独、残都给与安全保障”。这项制度来源于福利国家的福利政策，由英国初创，接着在北欧各国流行。

（4）国家保障型社会保障制度

国家保障型社会保障制度是传统的社会主义国家以公有制为基础的社会保障制度，属于国家保障性质。其宗旨是“最充分地满足无劳动能力者的需要，保护劳动者的健康并维持其工作能力”。国家把社会保障作为解决劳动的社会经济问题的杠杆之一。苏联是这一类型的首创与代表。

（5）自助型社会保障制度

自助型社会保障制度是指以自助为主，以促进经济发展为目标的保障形式。其特征是政府不提供资助，除公共福利与文化设施外，费用由雇主和雇员负担。这种制度主要在新加坡、马来西亚、印度尼西亚等国实行并在新加坡等国取得了显著成效。

小资料

从世界各国的社会保障发展过程看，由于各国基本社会制度和国情的差异，社会保障机制和保障水平明显不同，使其对储蓄和消费的影响也不尽相同。各国一般使用社会保障支出与国民收入（或者是国民生产总值）的比，作为各国社会保障支出规模的显示指标。按照这个指标，日本为13.8%、瑞典为49.0%、法国为34.9%、德国为29.7%、英国为24.5%、美国为18.0%（均为1991年数据）。

（资料来源：经济体制综合改革司）

2.3.2 财政补贴

1. 财政补贴的概念和特征

财政补贴是指国家为了某种特定需要，通过财政分配，向企业或居民提供的无偿性的补助支出。

财政补贴具有以下特征。

1）政策性。财政补贴的对象、补贴的数额、补贴的期限等都必须按照一定时期的政策需要来制定。

2）灵活性。财政补贴不是一经确定就长期保持不变的，国家要根据经济发展的情况和政策需要及时修正和调整财政补贴。

3）时效性。财政补贴作为一种政策手段，是为国家政策目标服务的，必须依据一定时期国家的政策需要来制定。当国家的某些政策发生变化时，财政补贴也必须做出相应的调整。

财政补贴是一种转移性支出，是社会财富的再分配。从政府角度看，支付是无偿的；从领取补贴者角度看，意味着实际收入的增加，经济状况较之前有所改善。

2. 财政补贴的作用

财政补贴是在特定的条件下，为了发展社会主义经济和保障劳动者的福利而采取的一项财政措施。它具有双重作用：一方面，财政补贴是国家调节国民经济和社会生活的重要杠杆。运用财政补贴特别是价格补贴，能够保持市场销售价格的基本稳定；保证城乡居民的基本生活水平；有利于合理分配国民收入；有利于合理利用和开发资源。另一方面，补贴范围过广，补贴项目过多也会扭曲比价关系，削弱价格作为经济杠杆的作用，妨碍正确核算成本和效益，掩盖企业的经营性亏损，不利于促使企业改善经营管理。如果补贴数额过大，超越国家财力所能，就会成为国家财政的沉重负担，影响经济建设规模，阻滞经济发展速度。

3. 财政补贴的内容

财政补贴的内容，根据补贴的需要，可以进行各种不同的分类。通常财政补贴的分类有如下几个方面。

1）按财政补贴的项目分类，主要有价格补贴、企业亏损补贴、外贸补贴、房租补贴、财政贴息。除了上述之外，政府还提供一些较为隐蔽形式的财政补贴，如税收支出和税前还贷等。

2）按补贴的环节分类，可以分为生产环节的补贴、流通环节的补贴、分配环节的补贴和消费环节的补贴。

3）按补贴的经济性质分类，可以分为生产补贴和生活补贴。

4）按补贴的标的分类，可以分为现金补贴和实物补贴。

我国财政补贴以价格补贴和企业亏损补贴为主要项目，并且每年反映在国家预算上仅有这两项补贴。

小资料

中国从1953年起实行财政补贴政策。20世纪五六十年代，财政补贴的范围小、数量少，国家财政能够及时调整补贴政策，使补贴与当时的财政承受能力基本相适应。从1979年起，为了改革不合理的价格和支持农业生产发展，国家多次较大幅度地提高了农产品收购价格，但考虑到稳定人民群众生活，对主要农产品的销售实行了“价格基本稳定，购销价差由财政补贴”的政策，同时，对一些与人民日常生活相关的工业消费品以及煤炭石油等基础工业产品也实行了亏损补贴政策，致使财政补贴总额猛增。1978～1989年，国家财政负担的价格补贴和企业政策性亏损补贴由135.99亿元增加到972.43亿元，增长了6.2倍，平均每年递增19.6%，明显快于同期财政收入只增长1.5倍、年平均增长8.6%的速度。另外，实行低房租政策，国家每年对房租的补贴也在百亿元以上。

练　习　题

一、单项选择题

1．有助于资源的配置，促进经济效益提高的财政支出原则是（　　）。

A．效率原则　　B．公平原则
C．稳定原则　　D．公开原则

2．基本建设支出属于（　　）。

A．补偿性支出　　B．积累性支出
C．消费性支出　　D．投资性支出

3．现代社会保障的核心内容是（　　）。

A．社会保险　　B．社会救济
C．社会福利　　D．社会优抚

4．财政补贴是指国家为了某种特定需要，通过财政分配，向企业或居民提供的（　　）。

A．无偿支出　　B．消费性支出
C．社会福利　　D．有偿支出

二、多项选择题

1．消费性支出指用于（　　）的支出，这部分支出对提高整个社会的物质文化生活水平起着重大的作用。

A．科教文卫　　B．国防
C．行政管理　　D．社会福利救济费

2. 财政支出按照最终用途分类，可分为（　　）。

A. 投资性支出　　B. 补偿性支出

C. 积累性支出　　D. 消费性支出

3. 财政补贴具有（　　）特征。

A. 政策性　　B. 时效性　　C. 针对性　　D. 灵活性

4. 世界上主要的社会保障制度类型有（　　）

A. 救助型　　B. 保险型　　C. 福利型

D. 国家保障型　　E. 自助型

三、判断题

1. 在市场经济条件下，财政支出的范围不必限于市场失灵领域。（　　）

2. 转移性支出是政府单方面的无偿支出，是市场性的再分配活动。（　　）

3. 行政管理支出和国防支出既可以由政府开支，也可以由民间筹资使用。（　　）

4. 社会优抚是指政府对收入在贫困线以下的居民和因自然灾害遭受损失或发生其他不幸事故而生活困难者提供资金与实物援助的一种社会保障制度。（　　）

5. 按财政支出的经济性质可将财政支出分为补偿性支出、积累性支出与消费性支出。（　　）

6. 购买性支出由社会消费性支出和财政投资支出组成。（　　）

7. 广义的社会福利是指国家和社会为鳏寡孤独、盲聋哑残等社会生活中的弱者、困难者提供各种社会照顾、物质帮助和特殊服务。（　　）

8. 社会保险虽然与商业保险不同，但营利性仍然是他的一个目标。（　　）

四、填空题

1. 财政支出是以________为主体，以财政的事权为依据进行的一种________分配活动，集中反映了国家的职能活动范围及其所发生的耗费。

2. 如果按照经济性质来分类，财政支出可以分为________和________。

3. 社会保障主要包括________、________、________、________和________社会互助等内容。

4. 我国社会保险的项目主要包括________、________、________、疾病、生育保险、工伤保险、伤残保险等。

第3章 税　　收

学习目标

1. 理解并掌握税收的概念与一般特征。
2. 理解并掌握税制构成要素的基本内容。
3. 掌握增值税、消费税、营业税、企业所得税、个人所得税等主体税种的纳税人、征税范围。
4. 了解税收按不同标准的分类情况。
5. 了解税收征收管理的概念和主要内容。
6. 了解增值税、消费税、营业税、企业所得税、个人所得税等主体税种的简单计算。

案例导入

董财经先生填写了一张调查问卷，其中有一项是问一年交了多少个人所得税。董先生还真没有算过，只是填了一个估计数。回到家，董先生觉得作为一个纳税人，应该多了解一些有关税收方面的知识，于是上网查了一些资料，其中有一张2009年全国财政收入决算表。

表3.1　我国财政收入主要来自税收

单位：亿元

项　　目	收　　入	占财政总收入的比重（%）
一、税收收入	59 521.59	86.87
二、非税收入	8 996.71	13.13
其中：专项收入	1 636.99	2.38
行政事业性收费收入	2 317.04	3.38
罚没收入	973.86	1.42
其他收入	4 068.82	5.95
全国财政收入	68 518.30	100.00

（资料来源：税政司．2010．中华人民共和国财政部：2009年全国财政收入决算表．http://yss.mof.gov.cn/2009nianquanguojuesuan/201007/t20100709_327133.html）

想一想（1）你知道有哪些取得财政收入的形式呢？不同形式的财政收入有什么区别？

（2）我国宪法规定：依法纳税是每个公民应尽的义务。你作为一个公民交过税吗？

（3）你所了解的税收是什么？你听说过哪些税种呢？

3.1 税收概述

3.1.1 税收的概念

1. 什么是税收

税收是国家为了实现其职能，凭借政治权力，按照法律规定的标准，向经济单位和个人强制地、无偿地取得相对固定的财政收入的一种手段。

税收是从财政角度来看的，是国家取得财政收入的一种形式，也是国家宏观调控体系中不可缺少的重要手段。税收最终体现的是一种分配的关系。

2. 我国税收的起源与发展

税收是一个古老的财政范畴。税收不是从来就有的，而是当人类社会发展到一定的历史阶段，伴随着剩余产品、私有制、阶级、国家等的出现而出现的。从各国税收的发展来看，税收经历了一个从简单到复杂、从低级到高级的过程。

在国家产生的同时，也就出现了保证国家实现其职能的财政。所以，同国家一样，税收也经历了一个产生、形成、发展与完善的过程。在中国，最早出现的财政征收方式是“贡”，形成于第一个奴隶制国家“夏”，即臣属将物品进献给君王。当时，虽然臣属必须履行这一义务，但由于贡的数量、时间尚不确定，所以，“贡”只是税的雏形。夏、商、周三代的贡法、助法、彻法是中国税收制度的原始形态。而后出现的“赋”与“贡”则不同。“赋”原指军赋，即君主向臣属征集的军役和军用品。但事实上，国家征集的收入不仅限于军赋，还包括用于国家其他方面支出的产品。此外，国家对关口、集市、山地、水面等征集的收入也称“赋”。所以，“赋”已不仅指国家征集的军用品，而且具有了“税”的含义了。如奴隶制后期的“关市之赋”、“山泽之赋”就是早期的工商税收。而公元前594年鲁国的“初税亩”是最早对私人土地征税的法律。后来，“赋”和“税”就往往并用了，统称赋税。

3.1.2 税收的特点

税收作为一种特定的分配形式，有其自身固有的特征，既强制性、无偿性和固定性(简称税收“三性”)，这是税收区别于其他财政收入形式的基本标志。

1. 强制性

税收的强制性是指国家在取得收入时，凭借政治权力以法律的形式确定征税人与纳税人的权利和义务关系，任何一方都不得违抗，否则就要受到法律的制裁。

国家本身不产生财富，要维持其正常运转，就必须以一定的形式来参与社会产品的分配。而各个经济主体从自身利益出发，不可能自愿地把自己生产经营的产品交给政府使用。因此，国家只能凭借政治权力强制征收。正是由于税收具有强制性，才使税收成为各国政府取得财政收入最普遍、最可靠的一种形式。

2. 无偿性

无偿性是指国家在征税之后，税款即为国家所有，不用偿还，也不用向纳税人支付任何报酬。无偿性是税收最本质的特征，也是税收“三性”中的核心。税收的这种特性是因为国家本身不创造财富，而又要向社会公众无偿提供公共产品。为了保持财政的收支平衡，只能采取无偿的方式取得收入。

在这里要说明的是：无偿性是针对具体纳税人，既税款缴纳后和纳税人之间没有直接的返还关系。对于全体纳税人而言，税收则体现为“取之于民，用之于民”的有偿性。因为国家征税的最终目的是满足社会公众需要，我们每个公民也都享受着国家提供公共产品所带来的益处。

公共产品是与私人产品相对而言的，指用来满足社会共同需要的产品和服务。例如，国防、环保、公共道路和桥梁等项目。

3. 固定性

固定性是指国家征税之前，就以法律的形式事先规定了征税对象和征收比例。由于税收是强制、无偿地征收，如果没有一个确定的标准，随意地强制、无偿征收，则会加重纳税人的负担，进而引起人民的不满和反抗，造成社会的动荡不安。

税收的固定性，也就意味着税收具有连续性。当然，这只是相当于一个时期而言，从长期来看，税收的征税对象和征收比例不可能一成不变。随着社会经济不断向前发展，我们的税收法律制度也在相应地发生变革。

税收的三个特征是相互联系、不可分割的整体。税收的无偿性是核心、强制性是保证、固定性是强制性和无偿性的必然要求，如图 3.1 所示。

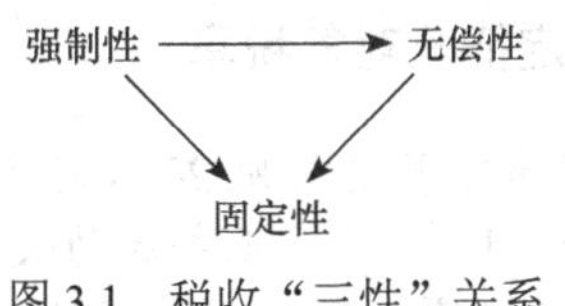

图 3.1 税收“三性”关系

想一想 能否运用上述税收“三性”的知识，回答税收与其他的财政收入形式，如国债、行政收费等有什么区别？

3.1.3 税收的分类

在现代社会，各国政府为了保证有足够的财力来履行其职能，开征了若干个税种。而为了能在不同的税种之间找出相同或相似的规律，从而制定出科学、合理的税收制度来指导具体的税收征管工作，我们从不同的角度，根据不同的标准对众多的税种进行了分类。

1. 按课税对象划分

这是最主要、最基本的一种分类方法，也是国际上常用的分类方法。

（1）流转税类

流转税是以销售商品和提供劳务的流转额为课税对象的一类税。流转税是我国税收收入的主体税种，包括增值税、营业税、消费税和关税等。

（2）所得税类

所得税是以纳税人的所得额为课税对象而征收的一个税类，包括企业所得税和个人所得税。它是发达国家的主体税种，在我国则仅次于流转税，在现行税制中居第二位。

我国现阶段实行的是流转税与所得税并重的双主体税制。如图 3.2 所示。

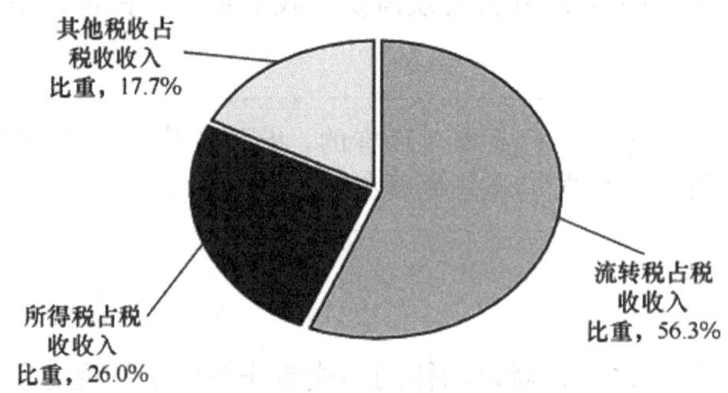

图 3.2　2009 年税收总量结构图

（资料来源：税政司．2010．中华人民共和国财政部：2009 年税收收入增长的结构性分析．
http://szs.mof.gov.cn/zhengwu xinxi/gongz uodongtai/201002/t20100211_270552.html）

（3）财产税类

财产税是以纳税人拥有或支配的财产价值为课税对象而征收的一个税类，我国现行的财产税主要有房产税、契税、车船税等。

重庆启动房产税改革试点确定征收对象税率

中新网重庆 1 月 27 日电（记者杜远　郭虹）重庆市市长黄奇帆 27 日发布市长令，作为国家首批个人住房房产税改革试点城市，重庆定于 1 月 28 日正式启动改革试点工作。黄奇帆说，重庆房产税的征税对象包括：对于独栋别墅，不管存量房还是增量房，均要征税；对于房价达到当地均价两倍以上的高档公寓也将征税；此外，对于在重庆无户口、无工作、无投资的人员在重庆所购房产，购买两套以上住房的从第二套开始要征收房产税。

关于房产税的税率，黄奇帆透露，对于房价达到当地均价 2 倍至 3 倍的房产，将按房产价值的 0.5%征税；对于房价达到当地均价 3 倍至 4 倍的房产，将按房产价值的 1%征税；4 倍以上，按 1.2%的税率征税。

（资料来源：http://www.sina.com.cn　2011 年 01 月 27 日 20:36　中国新闻网）

（4）资源税类

资源税是以资源开发与利用产生的收益额为课税对象的一类税，包括资源税、城镇土地使用税、耕地占用税等。

（5）行为目的税

行为目的税是以特定行为或特定目的为课税对象的一类税，包括印花税、城市维护建设税、车辆购置税等。

2. 按计税依据划分

（1）从价税类

从价税是以课税对象的价值量为计税依据计算应纳税款的一类税，如营业税、增值税等。我国目前大部分税种均为从价税。

（2）从量税类

从量税是以课税对象的数量、重量、面积、容积等实物量为计税依据计算应纳税款的一类税，如资源税（除新疆的石油、天然气外）、车船税等。

在实际征收过程中，还有一种复合税。它是以课税对象的价值量和实物量同时作为计税依据计算应纳税款的一类税。如对卷烟、白酒征收的消费税。

案例分析

2010年6月1日，财政部、国家税务总局一则关于印发《新疆原油、天然气资源税改革若干问题的规定》的通知，使得近期社会各界一直期待的新疆资源税改革终成现实。这意味着，我国酝酿数载的资源税改革，以新疆先行的方式正式拉开改革大幕。根据两部门规定，于6月1日正式启动的新疆资源税改革涉及原油和天然气两大资源，二者资源税实行从价计征，税率均为5%。我国现行资源税采用从量计征，在近年来资源价格不断攀升的情况下，从量计征的方式已经脱离实际，资源税收入不能随资源产品价格和资源企业收益的变化而变化，税负水平过低，难以反映资源的稀缺程度，造成资源浪费。以新疆为例，1993年新疆石油价格为每吨480元，天然气价格为每千立方米200元，按从量计征原则，当时资源税税额标准为石油每吨12元，天然气每千立方米4元，折算成资源税税率分别为销售收入的2.5%和2%。然而，到了2008年，新疆石油价格已经达到每吨4800元，资源税税额标准虽有所提高，但仍为每吨30元，折算成税率还不到1%。

资源税属于地方收入。由从量计征到从价计征的改革，实际上提高了税负，间接提高了产品价格，有利于完善资源产品价格形成机制，并帮助资源输出大省在资源开采中获得更多财政收入，有助于增加地方政府对破坏资源的补偿投入，更好保护环境。

（资料来源：韩洁、罗沙.2010.新华网社：新疆先行试点——资源税改革拉开大幕.http://news.xinhuanet.com/fortune/2010-06/02/c_12172737.htm）

讨论：税负的高低跟环境保护有无关系？

3. 按税负能否转嫁划分

（1）直接税类

直接税是指税款由纳税人缴纳，也由纳税人负担，不能转嫁给其他人的税种。它的纳税人与负税人是一致的，如所得税。

（2）间接税类

间接税是指税款由纳税人缴纳，但可以由纳税人转嫁给他人负担的税种。他的纳税人和负税人不一致，最具代表性的是流转税。

4. 按税收管理权限划分

（1）中央税类

中央税是由中央政府征收、管理并使用的税，如消费税、关税、车辆购置税等。收入归中央政府所有。

（2）地方税类

地方税是归地方政府征收、管理并使用的税，如房产税、土地增值税、耕地占用税等。收入归地方政府所有。

（3）中央和地方共享税类

中央和地方共享税是归中央和地方政府共同享有，并按一定比例分成的税，如增值税、企业所得税、个人所得税、资源税等。

5. 按税收与价格的关系划分

（1）价内税类

价内税是税金作为价格组成部分的一种税。税金随着价格的实现而实现，有利于国家及时取得财政收入。我国现行的消费税、营业税等都属于价内税。

（2）价外税类

税金不包括在价格之内，而是作为商品价格附加部分的税种。增值税就是典型的价外税。

3.2 税制

3.2.1 税制的概念

税制是税收制度的简称，是国家以法律、法规等形式规定的各种税收征收制度和办法的总称。它是国家税务机关向纳税人征税的法律依据和工作规程，是处理国家和纳税人之间征纳关系的准则。

3.2.2 税制的构成要素

税制的构成要素是指各个税种在立法时必须载明的、不可缺少的内容。一般包括总则、纳税义务人、征税对象、税目、税率、纳税环节、纳税期限、纳税地点、减免税、罚则、附则等项目。其中纳税义务人、征税对象和税率构成税制的基本要素。

1. 纳税义务人

纳税义务人简称纳税人，指税法规定直接负有纳税义务的单位和个人。从法律角度而言，包括自然人和法人。如营业税的纳税人是在中国境内提供应税劳务、转让无形资产和销售不动产的单位和个人。

与纳税人密切相关的两个概念是扣缴义务人和负税人。

1）扣缴义务人是指税法规定在其经营活动中负有代扣税款并向税务机关代缴税款义务的单位。一般在收入零星、纳税分散的情况下，采取扣缴义务人的办法。如企事业单位代扣代缴职工的个人所得税。

2）负税人是最终实际承担税款的单位和个人。在实际生活中，有的税收是由纳税人自己负担，如所得税，纳税人和负税人一致；而有的税收虽然由纳税人缴纳，但实际上却是由他人负担的，纳税人并不是真正意义上的负税人。如流转税，纳税人是生产经营的企业，而真正的负税人却是最终的消费者。

2. 课税对象

课税对象是指对什么东西征税。它体现了税收的宽度，也是解决征与不征的问题。课税对象是一个税种区别于另一个税种的主要标志，没有两个税种的课税对象是完全相同的。如增值税主要对货物课税，而营业税则主要对劳务课税。

与课税对象相关的两个概念是税目和计税依据。

1）税目是指具体的征税品目，是征税对象的具体化，它体现了征税的广度。如消费税对包括烟、酒、小汽车等在内的14种消费品征税；而营业税则是按不同的行业和转让无形资产、销售不动产分成了9个税目。

2）计税依据也称税基，是指税法规定计算应纳税额的依据。如在具体计算应纳营业税额的时候，其计税依据是营业额；计算应纳资源税额时，其计税依据是销售（自用）数量。

3. 税率

税率是指应纳税额与计税金额之间的比例。税率的高低反映了纳税人税负的轻重，是税制要素的核心。我国现行税法规定的税率有以下几种。

1）比例税率，即不论征税对象数额大小，均采用同一比例计税的税率。如增值税的基本税率为17%。

2）定额税率，指按征税对象的计量单位直接规定固定税额。如资源税中原油每吨的税额为8～30元。

3）累进税率指随着征税对象数额的增大，征税比例也随之提高的税率。我国目前只有在个人所得税的计算中采用超额累进税率和在土地增值税的计算中采用超率累进税率。

4. 减免税

减免税是国家对某些纳税人和征税对象给予鼓励和照顾的一种特殊政策，以减轻纳税人的负担。减税就是减征部分税款，免税就是免交全部税款。

5. 纳税环节、纳税期限、纳税地点

纳税环节是税法规定征税对象在商品流转过程中应当缴纳税款的环节，可以是购进环节、销售环节等。如营业税就是在销售（提供）劳务的环节纳税，而增值税则实行从产品生产环节到商业零售环节的道道征收（当然为了避免重复征税，同时也道道抵扣）。

纳税期限指纳税义务发生后，按照税法规定纳税人向国家计缴税款的期限。如果超过纳税期限，则从逾期之日起，按日加收万分之五的滞纳金。

纳税地点指税法规定纳税人缴纳税款的地点。

小知识

起征点和免征额是减免税优惠中的两个概念。起征点是税法规定对征税对象开始征税的起点，属于只照顾一部分小型业户的优惠形式。如规定营业税按期纳税的起征点为月营业额1000～5000元，按次纳税的起征点为每次（日）营业额100元。而免征额是指税法规定征税对象中免于征税的数额，属于照顾全行业或同类所有纳税人的优惠形式。如对工资薪金所得计算个人所得税时，每人每月可固定减除2000元，实际上就是免征额的概念。

6. 法律责任

法律责任是指因违反了法定义务或契约义务，或不当行使法律权利、权力所造成的；由行为人承担的不利后果。

纳税人的违法行为一般有以下情形。

1）违反税务管理的基本规定。纳税人未按规定办理税务登记、纳税鉴定、纳税申报、建立并保存账簿、提供纳税资料，拒绝接受税务机关监督检查等行为。

2）逃避税务机关追缴欠税。纳税人采取转移或者隐匿财产的手段，妨碍税务机关追缴欠税的行为。

3）偷税。纳税人采取伪造、变造、隐匿、擅自销毁账簿、凭证，或者在账簿上多列支出或者不列、少列收入，或者经税务机关通知申报而拒不申报或者进行虚假的纳税申报的手段，不缴或少缴税款的行为。

4）抗税。纳税人以暴力、威胁方法拒不缴纳税款的行为。

5）骗税。纳税人以假报出口或者其他欺骗手段，骗取国家出口退税款的行为。

对纳税人的违法行为，可以根据情节轻重不同分别采取批评教育、强行扣款、加收滞纳金、罚款等行政处罚措施，直至追究刑事责任。

3.2.3 税收征收管理

1. 税收征收管理的概念

税收征收管理是税务机关根据税收法律制度对征税活动实施组织、指挥、控制和监督，对纳税人履行纳税义务进行的管理、征收和检查的行为。

目前，随着农业税的取消、契税和耕地占用税两税征管职能的划转等举措的实施，财政部门的收税职能趋于消亡，我国的税收主要由税务、海关等系统负责征收。其中，海关只负责征收和管理关税、船舶吨税、委托代征的进口环节增值税和消费税，余下的税种都由各级税务机关负责征收。

小资料 2009年4月，财政部、国家税务总局联合下发了《关于加快落实地方财政耕地占用税和契税征管职能划转工作的通知》，将两税征管职能由财政部门划转到地方税务部门，此次重大征管体制改革对财税工作职能进行必要的整合，是顺应新一轮财税体制改革总体方向，整合财税部门工作职能，进一步完善公共财政体系的重大举措。8月3日上午，湖南省耕地占用税和契税征管职能划转工作会议召开，两税征管职能由财政部门正式划转到地方税务部门。从9月1日开始，地税部门将统一印制两税管理税收票证，并出台管理办法，全面应用新票证，各级地税部门在8月20日前明确两税征管机构、人员和办税地点，办税服务厅将设置两税办理专窗，为业务移交做好充分准备。

（资料来源：康勇，刘正需.2010.红网长沙：湖南省耕地占用和契税征管职能正式划转至地税.http://news.cnwest.com/content/2010-08/03/content_3322580.htm）

2. 我国《税收征管法》的主要内容

税收征收管理的主要内容包括税务管理、税款征收、税务检查和法律责任。其中，税务管理是基础，税款征收是重点，税务检查是手段，法律责任是保障。

1）税务管理从税务登记管理、账簿和凭证管理、纳税申报等几个方面进行。

3）税款征收主要涉及税款征收缴纳方式、税款征收措施及税款追缴与退还等方面的内容。

3）税务检查包括税务检查的类型、税务检查的形式与方法、税务检查的职责等。

4）法律责任是指税收法律关系主体违反税收法律制度的行为引起的不利后果，分为行政责任和刑事责任两种。

3.3 我国现行主要税种

3.3.1 税种介绍

我国目前实际征收的税种为19个，分布在投资创建、购销生产、费用结算、利润结算、终止清算等各环节，如表3.2所示。

表 3.2　我国 2009 年 1～12 月税收总收入和主要税种收入表

税　　种	收入/亿元	占税收总收入的比重/%	占财政总收入的比重/%
税收总收入	59 514.70		86.87
国内增值税	18 481.24	31.05	26.98
国内消费税	4 759.12	8.00	6.95
进口环节增值税和消费税	7 729.15	12.99	11.28
关税	1 483.57	2.49	2.17
外贸企业出口退税	−6 486.56	−10.90	−9.47
营业税	9 013.64	15.15	13.16
企业所得税	11 534.45	19.38	16.84
个人所得税	3 949.27	6.64	5.76
证券交易印花税	510.47	0.86	0.75
房产税	803.64	1.35	1.17
车辆购置税	1 163.17	1.95	1.70
城镇土地使用税	920.97	1.55	1.34
土地增值税	719.43	1.21	1.05
耕地占用税	632.99	1.06	0.92
资源税	338.24	0.57	0.49
契税	1 734.99	2.91	2.53
上述税种收入合计	57 287.78	96.26	83.62

（资料来源：税政司. 2010. 中华人民共和国财政部：2009 年税收收入增长的结构性分析. http://szs.mof.gov.cn/zhengwuxinxi/gongzuodongtai/201002/t20100211_270552.html）

3.3.2　流转税类

1. 增值税

（1）增值税的概念

增值税是对我国境内从事销售货物或提供加工、修理修配劳务，以及进口货物的单位和个人取得的增值额为征税对象征收的一种税。

【例 3-1】甲商品的流转经过了以下三个环节，如表 3.3 所示。

表 3.3　各企业的增值额

单位：万元

流转企业	进　　价	售　　价	进销差价（增值额）
A 生产企业	100（材料）	150	50
B 批发企业	150	170	20
C 零售企业	170	210	40

A生产企业是以50万元的增值额作为征税对象计算征收增值税，B批发企业是以20万元的增值额作为征税对象计算征收增值税，C零售企业是以40万元的增值额作为征税对象计算征收增值税。那么，就甲商品的整个流转环节来看，他的总增值额为50＋20＋40=110万元，也就是征税对象的总额为110万元。

想一想 流转的环节越多、流经的企业越多，是不是增值额就会越大、所交的增值税就越多呢？

（2）增值税的征税范围

增值税的征税范围包括在我国境内生产、批发、零售和进口的货物，以及提供加工、修理修配的劳务。

（3）增值税的纳税人

增值税的纳税人，是指在我国境内销售货物或提供加工、修理修配劳务，以及进口货物的单位和个人。为了便于征管，通常将增值税的纳税人分为两类：小规模纳税人和一般纳税人。

小规模纳税人的划分标准是：以从事货物生产或者提供应税劳务为主的纳税人（一般指工业企业），年应税销售额在50万元以下（含）的；以从事货物批发、零售为主的纳税人（一般指商业企业），年应税销售额在80万元以下（含）的。

增值税的一般纳税人的划分标准是：会计核算健全，以从事货物生产或者提供应税劳务为主的纳税人（一般指工业企业），年应税销售额在50万元以上的；以从事货物批发、零售为主的纳税人（一般指商业企业），年应税销售额在80万元以上的。

（4）税率

小规模纳税人的征收率为3%。一般纳税人的税率分为三档：基本税率为17%、低税率为13%、出口商品的税率为零，但是国务院另有规定的除外。

（5）计算

1）一般纳税人应纳税额的计算公式为

应纳税额＝当期销项税额－当期进项税额

＝当期不含税销售额×税率－当期可抵扣的进项税额

【例3-2】创新电视机厂为增值税一般纳税人，11月销售给乙商场A型号的电视机10台，每台售价5 000元（不含税）。当月购进生产A型号电视机的零部件10 000元，对方开出的增值税专用发票上注明的增值税额为1 700元（可抵扣）。请计算本月应纳增值税额。

解：本月可抵扣的进项税额＝1 700元

本月的销售额＝10×5 000－50 000元

本月的销项税额＝50 000×17%＝8 500元

本月应纳增值税额＝8 500－1 700＝6 800元

或者

本月增值额＝50 000－10 000＝40 000元

本月应纳增值税额＝40 000×17%＝6 800元

2）小规模纳税人应纳税额的计算公式为

应纳税额＝本月不含税销售额×征收率

本月不含税销售额＝本月含税销售额÷（1＋征收率）

【例 3-3】顺利汽车修理厂为小规模纳税人，11 月提供修理服务取得收入 41 200 元，本月购进修理用的材料、动力等支付价款 10 000 元，增值税专用发票是注明增值税额 1 700 元。计算本月应纳增值税额。

解：本月不含税销售额＝41 200÷（1＋3%）＝40 000 元

本月应纳税额＝40 000×3%＝1200 元

2. 消费税

（1）消费税的概念

消费税是对我国境内从事生产、委托加工和进口应税消费品的单位和个人，就其销售额或销售数量，在特定环节征收的一种税。

（2）消费税的征收范围

我国的消费税征收范围包括 14 大类商品，分为以下五类。

1）奢侈品或非生活必需品，如化妆品、贵重首饰、珠宝玉石、高尔夫球及球具等。

2）高能耗及高档消费品，如摩托车、小汽车、高档手表等。

3）不可再生和替代的稀缺资源的消费品，如汽油、柴油、木制一次性筷子等。

4）过度消费会对人身健康、社会秩序、生态环境等方面造成危害的消费品，如烟、酒、鞭炮、烟火等。

5）税基宽广，具有一定财政意义的消费品，如汽车轮胎。

（3）纳税人

凡是在我国境内从事生产、委托加工和进口属于上述征税范围的消费品的单位和个人是消费税的纳税人。

（4）税率

消费税的税率形式有定额税率、比例税率和混合税率三种形式。

1）定额税率。有三档，只适用于啤酒、黄酒和成品油。如黄酒 240 元/吨。

2）比例税率。有十档，从 3%～45%，如化妆品 30%、木制一次性筷子 5%等。

3）混合税率。定额税率和比例税率相结合，只适合卷烟（150 元/标准箱、45%或 30%）和粮食白酒（0.5 元/斤、20%）。

（5）计算

定额税率计算消费税的计算公式为

应纳税额＝销售数量×单位税额

比例税率计算消费税的计算公式为

应纳税额＝销售额×适用税率

混合税率计算消费税的计算公式为

应纳税额＝销售数量×单位税额＋销售额×适用税率

【例 3-4】滴滴香黄酒厂 11 月份销售黄酒 2 000 吨，每吨售价 3000 元。计算该厂 11 月份应缴纳的消费税税额。

解：应纳消费税税额＝2 000×240＝480 000元

【例3-5】美美化妆品生产企业11月份向某大型商场销售化妆品一批，货款（不含税）50万元。计算该化妆品生产企业应缴纳的消费税税额。

解：应纳消费税税额＝50×30%＝15万元

想一想 对于已经征收过消费税的商品是否还要征收增值税呢？

3. 营业税

（1）营业税的概念

营业税是对在我国境内提供应税劳务、转让无形资产或销售不动产的单位或个人，就其营业额征收的一种税。

（2）营业税的征收范围

1）提供应税劳务，主要是指交通运输业、建筑业、金融保险业、邮电通信业、文化体育业、娱乐业和服务业提供的劳务，加工、修理修配的劳务除外。

2）转让无形资产，指转让土地使用权，专利权、非专利技术、商标权、著作权等。

3）销售不动产，指销售建筑物及其他土地附着物。

（3）纳税人

凡是在我国境内提供上述劳务、转让无形资产或销售不动产的单位和个人，都是营业税的纳税人。

（4）税率

营业税的税率有三档，其中：交通运输业、建筑业、邮电通信业、文化体育业为3%；金融保险业、服务业、转让无形资产和销售不动产为5%；娱乐业为5%～20%。

（5）计算

应纳营业税税额＝营业额（销售额）×适用税率

【例3-6】百乐门歌舞厅11月份的收入为50万元，计算该歌舞厅应缴纳的营业税税额。

解：应纳营业税税额＝50×20%＝10万元

3.3.3 所得税类

1. 个人所得税

（1）个人所得税的概念

个人所得税是对个人（即自然人）的劳务和非劳务所得征收的一种税。对个人在一定期间内，通过各种来源或方式取得的一切利益，包括偶然所得、经常所得、货币所得、有价证券所得、实务所得，都要征收个人所得税。

（2）个人所得税的征收范围

个人所得税的征税范围是个人取得的各项应税所得，具体包括以下项目。

1）工资、薪金所得。

2）个体工商户生产、经营所得。

3）承租、承包经营所得。

4）劳务报酬所得。

5）稿酬所得。

6）特许权使用费所得。

7）财产租赁所得。

8）财产转让所得。

9）利息、股息、红利所得。

10）偶然所得。

11）经国务院财政部门确定征税的其他所得。

（3）纳税人

个人所得税的纳税人分为两类：一为居民纳税人，是指在中国境内有住所，或者无住所而在中国境内居住满一年的个人。对其来源于境内和境外的全部所得征收个人所得税；二为非居民纳税人，是指在中国境内无住所又不居住或者居住不满一年，但有来源于中国境内所得的个人。只对其来源于境内的所得征收个人所得税。

另外，我国实行个人所得税代扣代缴和个人申报纳税相结合的征收管理制度，规定凡是支付应纳税所得的单位和个人，都是个人所得税的扣缴义务人。

（4）税率

个人所得税分不同项目采用不同的税率。

1）工资、薪金所得，适用5%～45%的九级超额累进税率。

2）个体工商户生产、经营所得和承租、承包经营所得，适用5%～35%的五级超额累进税率。

3）其余各项均适用20%的基本税率。

（5）计算

我们在这里仅介绍个人所得税最基本的计算公式：

应纳个人所得税税额＝应纳税所得额×20%

【例3-7】李先生为一名自由职业者，11月取得了如下收入：购买的企业债券利息收入5000元，一次购买福利彩票中奖15 000元。计算其11月份应纳的个人所得税额。

解析：应纳个人所得税税额＝5000×20%＋15 000×20%＝4 000（元）

2. 企业所得税

（1）企业所得税的概念

企业所得税是国家对我国境内企业的生产经营所得和其他所得征收的一种税。

（2）企业所得税的征收范围

企业所得税的征收范围包括企业的生产经营所得和其他所得。

生产经营所得是指企业的主营业务所得，包括从事物质生产、交通运输、商品流通、劳务服务，以及其他营利事业取得的所得。

其他所得是指企业转让财产所得、利息股息红利所得、租赁所得及营业外收益等所得。

企业解散或破产后的清算所得，也属于企业所得税的征收范围。

> 小资料 2007年3月16日，第十届全国人民代表大会第五次会议通过了《中华人民共和国企业所得税法》，并以主席令第63号公布，自2008年1月1日起施行。这一举措标志着内外资企业所得税（即1991年的《中华人民共和国外商投资企业和外国企业所得税法》和1993年的《中华人民共和国企业所得税暂行条例》）的最终统一。企业所得税合并之前外资企业名义上的税收是和内资没有大的区别，但是外资企业的税收优惠比较多，所以实际上其税负远远低于内资企业，造成其竞争力高于内资企业。并且外资企业只利用我国的加工资源而不肯投入、升级技术含量，不利于扩大再生产。企业所得税合并之后实现了四个统一：统一税法并适用于内、外资企业；统一并适当降低税率；统一和规范税前扣除办法、标准；统一税收优惠政策。

（3）纳税人

企业所得税的纳税人分为两类：一为居民企业，是指依法在中国境内成立，或者依照外国（地区）法律成立但实际管理机构在中国境内的企业。对其来源于境内和境外的企业所得征收企业所得税；二为非居民企业，是指依照外国（地区）法律成立且实际管理机构不在中国境内，但在中国境内设有机构、场所的，或者在中国境内未设立机构、场所，但有来源于中国境内所得的企业。只对其来源于境内的所得征收企业所得税。

（4）税率

企业所得税的税率为25%。

（5）计算

应纳企业所得税额＝应纳税所得额×税率

应纳税所得额＝收入总额－准予扣除的项目金额（成本、费用、损失等）

【例3-8】丰收厂全年取得各项收入10 000万元，各项成本4800万元、费用1170万元，损失30万元。各项支出均已按税法规定进行了调整，可以扣除。计算企业本年度应纳企业所得税额。

解：应纳税所得额＝10 000－(4800＋1170＋30)＝4000（万元）

应纳企业所得税额＝4000×25%＝1000（万元）

练 习 题

一、单项选择题

1．在社会主义条件下，（　　）是国家取得财政收入的主要手段。

A．罚款　　B．国债　　C．货币发行　　D．税收

2．我国关税的征收部门是（　　）

A．财政部门　　B．税务部门　　C．审计部门　　D．海关

3．从价计征的税收，以（　　）作为计税依据。

A．数量　　B．计税金额　　C．体积　　D．重量

4．（　　）是我国现行税制的最大一类税收。

A．所得税类　　B．资源税类　　C．流转税类　　D．财产税类

5．我国企业所得税的基本税率是（　　）。

A．33%　　B．25%　　C．20%　　D．15%

二、多项选择题

1．按税负能否转嫁，税收可以分为（　　）。

A．价内税　　B．直接税

C．价外税　　D．间接税

2．在计算企业所得税的所得额时，准予扣除的项目有（　　）。

A．成本　　B．费用

C．损失　　D．收入

3．下列属于消费税征税范围的有（　　）。

A．笔记本电脑　　B．木制一次性筷子

C．小汽车　　D．鞭炮

4．下列属于财产税类的有（　　）。

A．房产税　　B．增值税

C．个人所得税　　D．契税

5．下列属于个人所得税的征税范围的是（　　）。

A．工资、薪金所得　　B．稿酬所得

C．偶然所得　　D．劳务报酬所得

三、判断题

1．在税法规定的范围内，任何单位和个人都必须依法纳税，否则将受到法律制裁。（　　）

2．在税收法律关系中，纳税人负有单方面的纳税义务，征税机关享有单方面的征税权利。（　　）

3．增值税、消费税、营业税都属于中央税。（　　）

4．每个人在缴纳个人所得税时都是自行到税务局去申报、缴纳。（　　）

5．个人所得税法中规定，对所有的个人所得均按20%的税率征税。（　　）

四、填空题

1．税收的“三性”是指________、________和________。

2．增值税纳税人按照会计核算是否健全、年应税销售额的不同，可以分成________和________。

3．进口货物的增值税由________________负责代征。

4．______________是一个税种区别于另一个税种的主要标志。

5．_______________是计算税额的尺度，是税收制度的中心要素。

五、拓展题（要求利用各网络、报纸、电视等媒体资源进行资料的查找、收集、整理）

1．请同学们查找关于“金税工程”的资料，以小组为单位整理，在下次课时进行全班交流。

2．请同学们通过关注个人所得税的改革方向和趋势，感受个人所得税和我们每个人的密切关系。

第4章 货　币

学习目标

1. 了解货币的产生、货币形式演变的历史。
2. 理解并掌握货币的职能。
3. 了解并掌握我国货币制度的内容。
4. 理解通货膨胀和通货紧缩的概念和表现形式，以及其对经济生活的影响。

案例导入

石头货币

19世纪，世界许多地方都已经使用了金属货币，有的已经使用纸币，而在太平洋卡罗莱群岛中的雅普岛，岛上不出产金属，所以人们使用打制成圆形的石头作为交换媒介，岛民们管这种当货币使用的圆形石头叫做“斐”（fei）。“斐”，是从雅普岛以南400英里的另外一个岛上开采出来的。在质地符合要求的情况下，石头的大小决定石头的价值多少，石头越大，价值越大。由于人们总是追求较大的价值量，当地许多岛民冒着巨大的风险从海外岛中开采了大量的大石头。很显然，用他们作为交易工具实在不便。因此，岛上的居民进行交易时，石头本身并不搬动，只是由石头的主人作一个口头声明，告诉大家这块石头易主或做上记号就行了。正因为如此，在那个岛上还出现过特别有趣的事情，一个特别富有的家庭称其在400英里以外的那个岛上，有巨大无边的石头斐，因而有着巨大的财富，其实那块石头什么样，大到何种程度，岛上的许多居民都没有见过。这富有之家的财富，也就观念性地存在于岛上人们的心目中。由于当地民风朴实，都认为那块大石头肯定存在，而且所有权也确实应当划在那“富豪”家庭的名下。

讨论　上文中提到的货币有哪几种？为什么石头可以成为货币？

现代社会，我们每个人的生活都离不开货币，小到日常消费，大到购房买车，都要用货币去购买；除个人外，企业、事业单位、政府部门的日常运转

想一想　货币除了人民币现钞形态外，还以哪些形态存在呢？

同样离不开货币。我国现行流通的货币是纸币——人民币。通俗的说法就是钱，但货币是否仅指人民币呢？其实不然，在实际中，我们除了可以直接拿现金购物外，也可用银行卡、支票取得货物或服务，由此可以看出货币不只是纸币，还包括其他型态的货币。

4.1 货币的产生和货币形式的演变

4.1.1 货币溯源——货币的产生

1. 什么是货币

货币是固定充当一般等价物的特殊商品，可以用来衡量一切商品的价值的商品。在现代社会，凡是在商品与劳务交易和债务清偿中，可作为交易媒介与支付工具的被普遍接受的手段都可以称为货币。所以现代货币的内容要比传统定义广泛得多。

2. 货币的产生与发展

货币是在商品交换中产生的，是以商品交换的存在为前提，是人类文明和生产力发展的结果。中国是世界上最早使用货币的国家之一，据文献记载和文物考证，中国货币的起源和发展至少已有4000年的历史。那么，货币是什么时候产生的，是怎么产生的？这要从商品交换的发展说起。

货币是商品交换长期发展的结果。商品是用来交换的劳动产品，商品交换出现于原始社会第一次社会大分工之后，那时的交换是商品和商品直接相交换，因为货币还未出现，所以不可能是一手交钱，一手交货。只有当商品交换发展到一定阶段，货币才得以产生，商品交换才由物与物的直接交换发展为以货币为媒介的间接交换。商品交换经历了两个阶段。

1）简单的物物的直接交换。在原始社会，由于生产力低下，部落成员的劳动成果有时甚至不能满足自己的需要，从而就不会经常有剩余的东西可以作为商品来交换。所以交换只是偶然发生的，如偶然发生了羊和石斧的交换：

一只羊＝2把石斧

在这里，羊的价值是通过石斧表现出来的，石斧是表现羊的价值的手段。

2）扩大的物物交换。随着生产力的发展，部落之间的交换日益发展成为经常的、规律的现象。这种情况意味着每 种商品不再是偶然地和另外的某一种商品发生交换关系，而是与其他大多数商品发生交换关系，从而一种商品的价值就有了种种不同的表现。例如：

$$一只羊=\begin{cases}两把石斧\\一千克茶叶\\三张弓箭\\五十斤小麦\end{cases}$$

在扩大的物物交换阶段，一种商品和多种商品相互交换，商品交换范围扩大了，交换的次数，交换的种类也增加了，已经不再是一种商品和另一种商品的偶然交换了。在

这种情况下，一种商品的价值，已经不是由另外的某一种商品表现出来，而是由另外的一系列商品表现出来。如古代希腊人出售的酒就能和多种商品相交换。这都是社会生产力和社会分工的发展带来的。

小资料 请看一个欧洲商人在非洲的故事：很久以前，一位欧洲旅行家在非洲沿海的一个部落想雇一条小船到另一个地方去。但船的主人要他用象牙付账，才肯将船出租，但他手里只有铜针，这可怎么办呢？他苦思冥想，终于想出了一个办法：经过打听，他得知有个叫沙里布的人有象牙，沙里布愿意用象牙交换呢料，他又打听到有呢料的人想用呢料换针，于是他就用铜针换来呢料，接着又用呢料换来沙里布的象牙，最后再把象牙付给船主。经过这样一番周折，他终于取得了使用小船的权利。

讨论 为什么故事中物物交换（直接交换）会如此困难呢？

由此可以看出，在扩大的物物交换的情况下存在几个难以解决的问题：①交易对象难觅；②缺乏共同的衡量标准；③易引起借贷延期支付的纷争；④物品的使用价值无法久藏。

3）通过媒介的物物交换。随着生产力的发展，逐渐出现了一般等价物为媒介的商品交换。一般等价物就是从商品中分离出来的，可以和其他一切商品相交换，表现其他一切商品价值的商品。一般等价物的出现，标志着货币的产生。

4.1.2 货币形式的演变——从实物货币到电子货币

货币作为一种人们能共同接受的支付工具，从古至今，在漫长的货币史中，货币形式固定在何种材料上经历了一个发展和选择的过程，从我国最早的贝币、布币到后来的金属货币，到今天世界各国普遍发行的纸币至电子货币，货币形式的变化越来越便利于人们的商品交易。

想一想 我们在平常使用汉字的过程中，不难发现，在我国的文字中，许多与交易和财产有关的字用“贝”作偏旁，如赚、财、贵、贫、货等。你还能举出其他一些带贝字偏旁的字吗？为什么这些字要以“贝”字为偏旁呢？

1. 实物货币（商品货币）

实物货币是指以自然界存在的某些物品或人们生产的某种物品来充当货币，是货币发展史上最早的货币形式，又称为商品货币。

小知识 贝币曾是中国历史上使用最早、时间最长的一种货币，最早出现在夏末商初，距今已有 3700 多年的历史。汉字中凡是与经济活动或者财富有关的汉字都含有“贝”字旁，可见贝币是我国古代经济发展的社会化石。

（资料：中国古代实物货币图片展示——贝币）

作为一般等价物，实物充当货币，同时又具有商品的价值，能够供人们消费。实物货币的特点是其作为货币用途的价值与其作非货币用途的价值相等，如米、布、牲畜等。

然而实物货币本身存在着难以消除的缺陷：它们或体积笨重，不便携带；或质地不匀，难以分割；或容易腐烂，不易储存；或体积不一，难于比较。它们不是理想的交易媒介，随着商品经济的发展，实物货币逐渐退出了货币历史舞台。随着生产力的发展，金属冶炼技术的提高，实物货币逐渐被金属货币所取代。

虽然目前整个世界范围内，实物货币已经退出了历史舞台，但在这个世界的一些地方，实物货币仍然在流通。

2. 金属货币

金属货币实际是实物货币的一个阶段。充当货币的金属主要是金、银、铜。金属比实物坚固，既便于携带保管，又能够分割熔铸，尤其是小件的金属制品，如铜贝、铜铲、铜刀等，如图4.1所示。

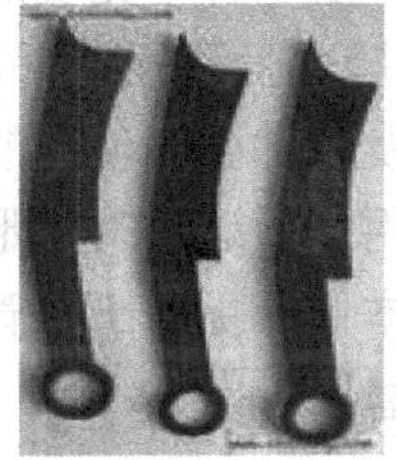

图4.1 金属货币

我国早期的金属货币大致上分为两种：一种是铜铸币，形式多样，使用广泛，工艺水平也较高；另一种是黄金铸成的金饼。黄金比铜稀少，是珍贵的金属。它体积小，单位价值高，价值稳定、质地均匀、分割容易、不易磨损，是作为货币的最佳材料。正如马克思所说：“金银天然不是货币，货币天然是金银。”

想一想 为什么在历史的发展中铁没有作为货币？

3. 代用货币

代用货币是指政府或银行发行的、代替金属货币执行流通手段和支付手段职能的纸质货币。它唯一的作用就是流通，是金属货币的代用品，货币面值本身代表了相应数额的金属货币，真正的货币还是金属货币。理论上来说金属货币本身的材质价值等于他的面值，而代用货币本身材质价值极低，约等于零，他可以兑换金属货币，并且仅代表金属货币在市场上流通。代用货币的发行依赖于发行方持有的金属货币的数量。银行券是由银行发行的可以随时兑现的代用货币，它是作为代替贵金属货币流通与支付的信用工具。银行券的发行必须具有发行保证，一般分为黄金保证和信用保证。由于银行券有严

格的发行准备规定，保证随时兑现，因此，具有较好的稳定性。

4. 信用货币

信用货币是以国家或银行的信用作为保证，通过一定的信用程序发行，由国家法律规定强制流通的，充当流通手段和支付手段的货币形式，是货币发展中的现代形态。信用货币不以任何贵金属为基础，独立发挥货币的职能。目前世界各国发行的货币，基本都属于信用货币。其面值高于其币材价值，是不能兑换的货币。信用货币不但本身价值低于其货币价值，而且也不代表任何贵金属。实际上是一种信用工具或者债权债务凭证。它通常由一国政府或金融管理当局发行，其发行量要求控制在经济发展的需要之内。信用货币包括辅币、纸币、银行存款、电子货币等形态。

信用货币与代用货币的区别在于：它的发行不是主要以黄金等贵金属作准备，它不再代表任何贵金属，也不能兑换等量的贵金属或金属铸币。它不是作为货币符号流通，而是作为一种直接的价值符号进行流通。

当然，二者也有相同之处：信用货币中的纸币与代用货币都是纸制货币。

纸币是一种不兑现的信用货币，它是以信用作为保证，通过信用程序发行和创造的代替金属货币进行流通，由国家发行并强制使用的价值符号。目前世界上所有国家都采用纸币这种货币形式。与金属货币相比，纸币的制作成本低，更易于保管携带和运输，避免了铸币在流通中的磨损。

网络搜索

搜集世界各主要国家目前流通货币的图片，了解世界主要国家的货币。

5. 电子货币

在现代经济社会，交易已不再只限于现金或支票，逐渐以信用卡来代替现金或支票。借助于电子货币就可以的在瞬时完成货币的支付，对于买卖双方来说，不用接触货币便可完成交易。电子货币本身属于信用货币的一种形态。

电子货币也称为电子通货、数字现金、电子现金等，是当代高科技迅猛发展过程中出现的电子化、信息化的支付工具，是用一定金额的现金或存款从发行者处兑换并获得代表相同金额的数据，通过使用某些电子化方法将该数据直接转移给支付对象，从而能够清偿债务，是以在互联网上或通过其他电子通信方式进行支付的手段。这种货币没有物理形态，属于持有者的金融信用。随着互联网的高速发展，这种支付办法将越来越流行。电子货币所含范围极广，如信用卡、储蓄卡、借记卡、IC 卡、消费卡、电话卡、煤气卡、电子支票、电子钱包（electronic wallet）、网络货币、智能卡等，包括了所有与资金有关的电子化的支付工具和支付方式。

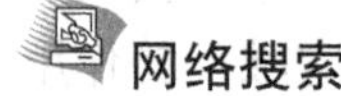

网络搜索

搜索信用卡与我们的生活相关的方方面面的信息。

案例分析

刷卡改变我们的生活

王群拿着结账单，来到民生百货大楼的一个收银台，将信用卡和结账单一起递了过去。几秒钟后，她在对账单上签上名，一场消费交易就完成了。

对王群来说，信用卡绝非只是一个零钱包。在不知不觉中，她正享受着电子支付带来的快捷与方便，也在接受着生活方式的改变。随着银行新兴业务的普及，查询、转账、汇款、缴费、消费支付、捐款等金融业务已可以全部通过银行卡实现。

从广义来讲，以电子支付为手段的所有银行业务都可归为刷卡消费，它们可以是银行卡、网上银行，也可以是Q币、支付宝，甚至是手机短信。"刷卡时代"所带来的变化是清晰可辨的。如银行卡，支付范围包括了衣食住行，每天处理交易达20多万宗。在最影响市民生活模式的产品方面，银行卡与手机类似。

刷卡消费是以电子支付手段为基础，相对于传统柜台交易，通过非接触方式实现。包括网上刷卡、电话刷卡、短信刷卡、POS机刷卡等多种方式，与传统的金融消费方式相比，具有方便、快捷、非现金交易的特点。刷卡消费正改变着人们传统的金融消费方式和理念，只要有台电脑，并具有上网条件，就可以随时随地掌握资金信息。无论在国内还是在国外，通过网上银行就可以完成几乎所有银行柜面业务，了解资金变动。以工行为例，工行网上银行不仅可以及时查询到账户资金余额、当日资金到账情况和历史交易明细，还可以查询自己的工资单。如果上网不方便，电话银行是一个很不错的选择。比如，工资到账或远方的客户给您汇了一笔款，您可以不必再到银行网点查询，只要在家中通过电话拨通银行的客户查询电话，就可以了解了。此外，发送短信到特服号也可办理查询、转账、汇款、缴费、消费支付、捐款等业务。

刷卡交易带来的高效投资理财手段正受到越来越多消费者的关注。以外汇实盘交易为例，个人实盘外汇买卖作为目前为止最有效的个人外汇资产保值增值的金融工具之一，已经成为继股票、债券后的又一金融投资热点。传统的外汇交易方式主要包括柜台交易、电话交易等，但这些方式并不能满足投资者随时随地掌握外汇市场信息并及时完成交易的需求。随着外汇市场的迅速发展和网上银行功能的不断强大，通过网上刷卡进行在线外汇交易已成为一种潮流。

2005年8月，王群在办工资卡时，顺便办了张银行卡。2006年，王群买房时，又办了另一张银行卡。刷卡虽然便利，但每次出门都带一堆卡却很不方便。尝到便利也尝到麻烦的滋味后，王群又办了张跨银行通用的贵宾卡，这张卡从此成了使用频率最高的一张卡，无论是大商场，还是街头小店，都能凭卡享受会员贵宾折扣。

前段时间，王群陪香港来的朋友逛周庄，香港朋友介绍：香港的银行卡被外界称为"全通卡"，可以用来坐车、打电话、超市付账。记者了解到，要做到这点，需要采用统一标准的兼容模块和新的刷卡器，这套系统已经在计划之中。不久的将来，我们的生活将发生更大的改变。

（资料来源：新华网甘肃频道）

同学们使用过什么卡？最喜欢什么卡？谈谈感受。

4.2 货币的本质和职能

4.2.1 货币的本质

货币是从商品中分离出来，固定充当一般等价物的特殊商品，是商品交换的媒介。马克思认为货币的本质是一般等价物。但它与一般等价物的区别在于：一是产生的时间不同，一般等价物产生在前，货币产生在后；二是一般等价物在时间、地域、材料的质地上是不固定的，而货币是基本固定的。

4.2.2 货币的职能

货币具有价值尺度、流通手段、支付手段、贮藏手段和世界货币等五种职能。其中，价值尺度和流通手段是货币的基本职能。另外三种职能则是在这两者的基础上形成的派生职能。

1. 价值尺度

货币在表现商品的价值、衡量商品价值量大小时发挥的职能就是价值尺度职能。这是货币最基本的职能之一。

货币在衡量和表现其他一切商品和劳务的价值时执行价值尺度的职能，它将商品的价值表现为一定的价格，即把商品的价值表现为一定数量的货币，标准是货币执行价值尺度的技术规定，即计量单位元、英镑、美元等。

当货币执行价值尺度这一职能时，货币只需要以想象中的或是观念上的形式存在就可以了，它的单位则必须依赖于现实中流通的货币。正是由于货币的价值尺度功能，使得人们可以将不同形式的商品先转化为货币的价格形式，然后再与其他商品进行交换。

2. 流通手段

流通手段指货币在交易中充当交易的媒介。货币的产生，使得商品之间的交换由直接的物物交换变成了以货币为媒介的交换，即由“商品——商品”变成了“商品——货币——商品”。

商品流通是以货币为媒介的商品交换。货币流通是以货币作为购买手段不断地离开起点，从一个商品所有者手里转到另一个商品所有者手里的运动。其特点是作为流通手段的货币可以是代用品，并不一定是价值十足的货币，但执行流通手段的货币必须是现实的货币。

3. 支付手段

支付手段指货币不是直接作为交换媒介，而是作为独立的价值形态作单方面的价值转移。随着商品流通的发展和流通范围的扩大，当货币在延期支付或赊销商品的条件下，用于清偿到期债务、支付工资、租金等，货币的转移和商品与劳务的转移在时间上产生错位，货币发生了单方面的转移，在这种情况下，货币执行了支付手段的职能。例如，职业学校同学享受的每月150元的国家助学金。

货币支付手段的产生源于商业信用，有两个作用：①扩大商品流通，因为可以赊欠；②节约现金流通，因为债权、债务可以抵冲。其范围包括大宗交易、财政收支、银行存贷、工资、佣金、房租、地租、水电费等。支付手段的特点是可以先买后卖。而流通手段是只能先卖后买。

4. 贮藏手段

当货币暂时离开流通领域，被人们作为独立的价值形态和社会财富的一般代表储存起来，这是货币的贮藏手段职能。贮藏价值的方式是多种多样的，人们可以用直接储存所需商品的方式来贮藏价值，也可以用其他方式，例如，人们热衷于购买珠宝、收藏古董、艺术品，持有房产等实物资产，或购买股票、债券等金融资产。货币是社会财富的一般代表，货币具有与一切商品直接相交换的能力，可随时购买商品。因此，货币作为最基本和最重要的一种金融资产在各种财产中流动性最高。货币发挥着价值贮藏的职能。

在金属货币流通的情况下，足值的金属货币贮藏价值相对来说比较稳定，受物价波动的影响比较小。但是在信用货币和纸币流通条件下，如果物价持续上涨，货币贬值，货币的流动性带给人们的收益将被货币贬值的损失完全抵消，这时候人们将不再利用货币来贮藏价值，转而采用实物资产的形式去贮藏价值。

5. 世界货币

世界货币是货币超越国界，在世界市场上发挥一般等价物作用时所执行的职能，是其他货币职能在世界市场上的延伸和发展。

在金属货币阶段，执行世界货币的是货币金属块或条，而不是哪国铸币形式或单位。

在信用货币制度下，部分国家的货币充当世界货币的职能。一般来说，一国货币充当世界货币往往有这样几个条件：①一国进出口贸易额占世界进出口贸易额的比率很高；②一国货币价值比较稳定；③该国货币是自由兑换货币。由于历史的原因，并不要求同时满足这三个条件。

4.3 货币制度

4.3.1 货币制度的概念和内容

1. 货币制度的概念

货币制度简称“币制”，是指一个国家或地区以法律形式确定的货币流通结构及其组织形式。

2. 货币制度的内容

（1）货币材料的确定

货币材料的确定是指国家规定用何种商品充当本位币的材料。一种或几种商品一旦被规定为币材，即称该货币制度为该种或几种商品的本位制。如以金为币材的货币制度称为金本位制，以金和银同时作为币材的货币制度称为金银复本位制等。

（2）货币名称、单位和价格标准的确定

货币名称、单位和价格标准的确定是指规定货币单位的名称与确定货币单位所包含的货币金属量。一国货币单位的名称通常就是该国货币的名称，如美元、加元等，也有不同的，如中国，货币的名称是人民币，货币单位是元，二者不一致。

（3）本位币、辅币及其偿付能力的规定

通货一般包括本位币与辅币。本位币是一国的基本通货，是法定的计价、结算货币，即主币。在金属货币制度下，本位币可以自由铸造，在纸币制度下，本位币由国家垄断发行，具有无限法偿力。辅币则是本位币以下的小额通货，主要用于辅助本位币完成小额零星交易以及找零使用，通常用贱金属铸造，是一种不足值货币，只有有限法偿能力。

（4）金准备

金准备又称黄金储备，指国家所拥有的金块和金币的总额。

> 小知识
>
> 无限法偿力也就是有无限的法定支付能力，不论支付的数额大小，收款人都不得拒绝接受。一般来说，本位币都具有无限法偿能力，而辅币则可能是有限法偿的。

4.3.2 货币制度的演变

从历史发展过程来看，各国先后曾采用过几种货币制度：银本位制、金银复本位制、金本位制、不兑现的信用货币制度。

1. 银本位制

银本位制是以白银为本位币的一种货币制度。其基本内容包括以下几点：

1）以白银为本位币的币材，银币为无限法偿货币，具有强制的流通能力。

2）本位币的名义价值与本位币所含的一定成色、重量的白银相等，银币可以自由铸造、自由熔化。

3）可以自由兑现银币或等量白银。

4）银和银币可以自由输出和输入。

银本位制从16世纪以后开始盛行，但到19世纪末各国基本放弃了银本位制。其原因有两点：一是白银大幅度贬值。如当时伦敦金银市场价变动情况是：1860年，1∶15；1900年，1∶33；1932年1∶73.5；二是白银较黄金价值量低，不便于大宗交易。

搜集资料了解我国的白银流通历史。

我国自宋代开始盛行流通白银，但流通的是银两。至清宣统二年（1910年）颁布《币值则例》，银两、银圆并用。至1933年国民政府宣布“废两改圆”，中国的银本位制才得以健全。但1935年11月又宣布实行“法币改革”，废止银本位制。

2. 金银复本位制

金银复本位制是指金、银两种铸币同时作为本位币的货币制度。在这种货币制度下，金银铸币各按本身所包含的价值同时流通。金、银铸币都可以自由铸造、自由输出和输入国境，都有无限法偿能力。

实行金银复本位制后，大量金、银铸币进入流通，满足了经济发展的需要，但也暴露了这种货币制度的不稳定性。在实行“平行本位制”下，出现金价、银价两种价格，引起价格的混乱，给商品流通带来了许多困难。在实行“双本位制”下，又出现了“劣币驱逐良币”的现象。

（1）平行本位制

金币和银币按其实际价值流通的货币制度。两种货币的兑换比率完全由金银的市场比价确定，国家不规定金银的法定比价。其缺点在于：商品具有金币和银币的双重价格，金币和银币的价格波动导致市场商品价格的经常波动。如英国1663年铸造金币“基尼”，与原来的银币“先令”就是按市场上金银比价同时流通的。

（2）双本位制

以法律形式规定金银铸币之间的法定比价，两者的交换比率不再受市场上金银价格的波动影响。但是，在这种货币制度下，会出现“劣币驱逐良币”的现象，两种市场价格不同而法定价格相同的货币同时流通时，市场价格偏高的货币（良币）就会被市场价格偏低的货币（劣币）所排斥，在价值规律的作用下，良币退出流通进入贮藏，而劣币充斥市场，这种劣币驱逐良币的规律又称为“格雷欣法则”。

（3）跛行本位制

金币和银币都是本位币，并有固定兑换比率，但国家规定银币不能自由铸造，只有金币能自由铸造的制度。为了克服双本位制下“劣币驱逐良币”的现象，许多国家实行了跛行本位制。由于限制银币自由铸造，这样银币的价值不是取决于金属银而是取决于金属金，银币本位币的地位大打折扣，银币成为金币的附属货币，起辅助作用。在这种货币制度下，两种货币的地位不平等，因此，叫跛行本位制。跛行本位制是金银复本位制向金币本位制过渡的一种货币制度。

3. 金本位制

（1）金币本位制

这是金本位货币制度的最早形式，亦称为古典的或纯粹的金本位制，盛行于1880～1914年。自由铸造、自由兑换及黄金自由输出和输入是该货币制度的三大特点。在该制度下，各国政府以法律形式规定货币的含金量，两国货币含金量的对比即为决定汇率基础的铸币平价。黄金可以自由输出或输入国境，并在输出和输入过程形成铸币一物价流

动机制，对汇率起到自动调节作用。1914年第一次世界大战爆发后，各国纷纷发行不兑现的纸币，禁止黄金自由输出，金币本位制随之告终。

（2）金块本位制

金块本位制又叫生金本位制，货币单位规定有含金量，但不铸造、不流通金币，而是以银行券代替金币流通。黄金集中存储于政府，居民可在一定范围内按法定含金量自由地兑换金块。

第一次世界大战之后的1924～1928年，一些发达国家采用金块。

（3）金汇兑本位制

金汇兑本位制又称为虚金本位制。货币单位规定有含金量，但国内市场上没有金币流通，而流通银行券，居民不能在国内兑换黄金。第一次世界大战之前的一些殖民地和战后的战败国实行。

金块本位制和金汇兑本位制是残缺不全的金本位制。一是这两种货币制度都没有金币流通。金币本位制所具备的自发地调节货币流通量、保持币值相对稳定的机制不复存在；二是银行券不能自由兑换黄金，削弱了货币的稳定性。

1929～1933年的经济危机，导致了这两种货币制度的崩溃。

4. 不兑现的信用货币制度

不兑现的信用货币制度又称为不兑现本位制或不兑现的纸币流通制度，是一种不能兑现黄金、取消黄金保证、凭借国家信用、通过信用渠道发行和流通的货币制度。在这种货币制度下，由于黄金被排除在国内流通之外，因此就失去了自发调节货币流通的作用，如计划不周，货币会因发行过多而贬值，进而导致通货膨胀。当代，世界各国都实行的是不兑现的信用货币制度，即不兑现本位制。其中的不兑现是指信用货币是不可以兑换其等价值黄金的，但是进入市场的黄金是可以购买的。

（1）不兑现的信用货币制度的基本特点

不兑现的信用货币制度有以下特点。

1）一般是由中央银行发行的，并由国家法律赋予无限清偿的能力。

2）货币不与任何金属保持等价关系，也不能兑换黄金，货币发行一般不以金银为保证，也不受金银的数量控制。

3）货币是通过信用程序投入流通领域，货币流通是通过银行的信用活动进行调节，而不像金属货币制度下，由金属货币进行自发地调节。银行信用扩张，意味着货币流通量增加；银行信用紧缩，意味着货币流通的减少。

4）当国家通过信用程序所投放的货币超过了货币需要量，就会引起通货膨胀，这是不兑现的信用货币流通所特有的经济现象。

5）流通中的货币不仅指现钞，银行活期存款也是通货。

（2）不兑现的信用货币制度的优势

不兑现的信用货币制度有以下优势。

1）纸币发行不受黄金供给的限制，可以根据经济发展的实际需要调整货币供应量。

2）纸币是用纸作为货币材料，纸的价值很低，即使有了磨损，也不会造成社会财富的巨大浪费。

3）纸币还具有易于携带、保管、支付准确等好处。

4.3.3 我国的货币制度

我国的法定货币是人民币，人民币是指中国人民银行成立后于1948年12月1日首次发行的货币，新中国成立后为中华人民共和国法定货币，至1999年10月1日启用新版为止共发行五套，形成了包括纸币与金属币、普通纪念币与贵金属纪念币等多品种、多系列的货币体系。人民币在ISO4217简称为CNY（ChinaYuan），不过更常用的缩写是RMB（RenMinBi）；在数字前一般加上“￥”表示人民币的金额。

目前，除1、2、5分三种硬币外，第一套、第二套和第三套人民币已经退出流通，目前流通的人民币，是第四套人民币和第五套人民币，以第五套为主，两套人民币同时等值流通；流通的纸币有1、2、5角，1、2、5、10、20、50、100元；硬币有1角、5角和1元。

小资料

1999年10月1日，中国人民银行陆续发行第五套人民币，共有1元、5元、10元、20元、50元、100元八种面额，其中1角、5角为硬币，1元有纸币、硬币2种。根据市场流通需要，取消了2元券和2角券，增加了20元券，使人民币的面额结构更加合理。

2005版第五套人民币

人民币是法定货币，是唯一合法通货，从未规定过含金量，是纸制的不兑换的信用货币，坚持集中统一和经济发行原则。人民币的发行高度统一，集中于中国人民银行。人民币的发行保证是国家拥有的商品物质，黄金储备和外汇储备主要是作为国际支付的准备金。

香港回归后，在香港特别行政区内，港币（HKD）仍是流通货币。澳门回归后，在澳门特别行政区内，澳门币（MacaoPataca）仍是流通货币。另外，台湾地区流通使用新台币。从这个意义上讲，我国境内存在着四种货币。

4.4 通货膨胀与通货紧缩

4.4.1 通货膨胀

1. 通货膨胀的含义

通货膨胀指在纸币流通条件下，流通中的货币量超过实际需要导致货币贬值、引起一段时间内物价持续而普遍地上涨的现象。通货膨胀的程度通常用通货膨胀率来衡量，通货膨胀率被定义为从一个时期到另一个时期一般价格水平变动的百分比。这里的价格不是单一的某个商品或某种服务的价格，而是一组能够反映社会商品和服务的总体价格水平变动的商品和服务的价格。

从世界各国的经验来看，通货膨胀一般产生两大重要后果：一是货币购买力下降；二是财富重新分配。

2. 通货膨胀的分类

（1）按通货膨胀率的高低划分

1）温和的或缓行的通货膨胀指通货膨胀率低，而且呈较为稳定、缓慢的上涨，物价较为稳定，货币不会有明显的贬值。

2）疾驰的或奔腾的通货膨胀指年通货膨胀率为2位数，甚至3位数的通货膨胀。通货膨胀在加速之中，人们的恐慌心理使通胀变得更厉害。通货膨胀已对经济产生不利影响。但还不至于引起金融崩溃和经济生活混乱。

3）恶性通货膨胀指通货膨胀率在3位数以上，物价连续狂涨，货币价值不断下降，人们不愿握有纸币，或抢购物资，或持有外币，已对经济社会生活产生极其不利的影响，甚至引发政局动荡。

第一次世界大战后的德国曾出现过极端的恶性通货膨胀。1923年，德国的纸币马克流通量达到496×10^{18}的天文数字，通货膨胀率超过1 000 000%。

（2）按市场机制的运行状况划分

1）公开型通货膨胀指完全通过物价总水平的明显、持续上涨体现出来的通货膨胀。

2）隐蔽型通货膨胀指在集中计划经济体制下，由于存在着严格的价格管制，价格上升趋势的真实程度被隐蔽的通货膨胀。

（3）按预期划分

1）预期性通货膨胀指通货膨胀过程被经济主体预期到了，以及由于这种预期而采取各种补偿性行动引发的物价上升运动。

2）非预期性通货膨胀指没有被经济主体预见的，在不知不觉中出现的物价上升。

3. 通货膨胀的成因

纸币是一种纯粹的货币符号，没有价值，只是代替金属货币执行流通手段的职能。纸币的发行量应以流通中需要的金属货币量为限度，如果纸币的发行量超过了流通中需要的金属货币量，纸币就会贬值，物价就要上涨。因此，纸币发行量过多引起的货币贬值、物价上涨，是造成通货膨胀的直接原因。除此之外，还有以下深层次的原因。

（1）需求拉动的通货膨胀

需求拉动的通货膨胀是指总需求过度增长所引起的通货膨胀，即“太多的货币追逐过少的货物”。按照凯恩斯的解释，如果总需求上升到大于总供给的地步，此时，由于劳动和设备已经充分利用，因而要使产量再增加已经不可能，得不到满足的过度需求就会引起物价水平的普遍上升。促使总需求增加的任何因素都可能是造成需求拉动的通货膨胀的具体原因。

（2）成本推进的通货膨胀

由成本或供给方面的原因形成的通货膨胀，即成本推进的通货膨胀又称为供给型通货膨胀，是由厂商生产成本增加而引起的一般价格总水平的上涨。造成成本向上移动的原因大致有：工资过度上涨；利润过度增加；进口商品价格上涨。

在实际中，造成通货膨胀的原因并不是单一的，因各种原因同时推进的价格水平上涨就是供求混合推进的通货膨胀。假设通货膨胀是由需求拉动开始的，即过度的需求增加导致价格总水平上涨，价格总水平的上涨又成为工资上涨的理由，工资上涨又形成成本推进的通货膨胀。

（3）结构性通货膨胀

由于社会经济部门结构失衡而引起的物价普遍上涨。这种类型的通货膨胀一般在发展中国家较为突出。社会各部门劳动生产率水平和提高速度不同，发展趋势不同，与世界经济联系程度不同，但由于一方面当时的社会经济结构不容易使生产要素从落后部门、衰落部门、封闭部门向先进部门、兴起部门、开放部门转移；另一方面这些部门却又要求在工资、价格等方面向先进部门、兴起部门和开放部门看齐，结果就会导致一般价格水平上涨。

4. 通货膨胀与人们的生活

案例分析

通货膨胀下我们的生活

通货膨胀是指在货币流通的情况下，货币供给远超过货币实际需求，导致货币贬值，引起物价上涨的现象。通货膨胀是因为社会上的钱变多了，所以钱变的没有以前值钱了，所反映出的现象就是物价上涨。

例如：市场上一共有10袋大米，货币总量是100元，那么一袋大米的价格就是10元。这时如果钱的总量增加至120元，但大米的数量不变，大米的价格就会涨价至12元一袋，这就是“通货膨胀”。表面现象上看是大米涨价了，但本质是因为钱的购买力贬值了。

适度的通货膨胀对于社会经济发展有良性的促进作用。适度的通货膨胀带来物价的适度上涨，物价上涨会刺激工厂加大生产规模和力度，消费者购买商品之后，厂家会继续扩大生产，工人工资水平也会得到提升，会形成了一个良性的循环。但是，如果出现恶性通货膨胀或者严重通货膨胀，那么就会给整个社会带来巨大的损失，也会导致居民生活水平大幅下降。

应对通胀的最好办法是进行投资，如果投资收益超过了通胀，资产就能保值增值，避免缩水。一般认为，在通货膨胀的情况下，投资实物资产的资产保值作用比较明显；而投资于一些固定收益类的产品，随着通货膨胀，在一定程度上来说是贬值的，比如债券。通货膨胀会唤醒百姓的投资理财意识，使得百姓的投资理财的意识越来越普及。目前存在的“负利率”使得大多数人不再愿意把钱放入银行，人们更愿意把自己的“闲钱”投向投资收益率较高的证券市场，如股票、基金。

> 讨论　面对迎面而来的物价上涨普通老百姓该如何打理好自己的钱袋子呢？

4.4.2　通货紧缩

1. 通货紧缩的含义

所谓通货紧缩是指商品和劳务价格总水平持续下降、物价疲软、货币供应量不断减少的过程。简单地说，就是当全社会的价格和成本普遍在下降的时候，就表明出现了通货紧缩。通货紧缩一般是指与通货膨胀的表现形式相反的一种经济现象，按照金融学上的严格定义，当消费价格指数（CPI）连续3个月下跌，就表明出现了通货紧缩。

与通货膨胀相反，通货紧缩时老百姓觉得手里的钱越来越值钱，不过，这却没有什么值得高兴的。因为这表明，商品有效需求不足，生产下降，经济衰退，投资风险加大，失业人数增加。

2. 通货紧缩的成因

从经济周期的角度看，在经济周期繁荣阶段，整个社会对经济前景的预期看好，企业愿意投，银行愿意贷，贷款规模迅速扩大，形成大量的企业负债。大量投资的涌入使得生产能力猛增，市场相对饱和，产品开始积压，企业还本付息发生困难，企业开始抛售资产，物价下跌。金融机构的资产质量问题暴露，银行千方百计收贷，对新的贷款特别谨慎。由于物价水平下跌较快，利率攀高，企业实际负担加重，给本来已经十分困难的企业雪上加霜，最终导致通货紧缩和经济衰退。

练　习　题

一、单项选择题

1. 目前世界各国普遍采用的货币形式是（　　）。
   A. 金属货币　　B. 信用货币　　C. 实物货币　　D. 代用货币
2. 贝币和谷帛是我国历史上的（　　）。
   A. 实物货币　　B. 金属货币　　C. 信用货币　　D. 纸币

3．在信用关系价值运动中，货币执行的职能是（　　）。

A．价值尺度　B．流通手段　C．支付手段　D．储蓄手段

4．典型的金本位制是（　　）。

A．金汇兑本位制　B．金币本位制　C 金块本位制　D 金银复本位制

5．商品价值的货币表现就是（　　）。

A．价值　B．价值尺度　C．价格标准　D．价格

6．按照金融学上的严格定义，当消费价格指数（CPI）连续（　　）个月下跌，就表明出现了通货紧缩。

A．3　B．4　C．5　D．10

7．最早的货币形式是（　　）。

A．金属货币　B．实物货币　C．代用货币　D．纸币

8．我国的法定货币是人民币，它是（　　）。

A．金属货币　B．信用货币　C．代用货币　D．电子货币

二、多项选择题

1．下列货币的职能中哪些属于货币的基本职能（　　）。

A．价值尺度　B．支付手段　C．流通手段　D．贮藏手段

2．金银复本位制货币制度包括以下哪几种类型（　　）。

A．平行本位制　B．跛行本位制　C．双本位制　D．金币本位制

3．纵观世界各国的货币制度的演变过程，货币制度类型有（　　）。

A．金本位制　B．银本位制

C．金银复本位制　D．信用货币制度

4．支付手段职能的范围包括（　　）。

A．大宗交易　B．工资、佣金支付

C．房租、地租、水电费的缴纳　D．财政收支，银行存贷

5．下列哪些属于电子货币（　　）。

A．信用卡　B．借记卡　C．IC 卡　D．消费卡

三、判断题

1．当货币执行价值尺度职能时，只需要以想象中的或是观念上的形式存在就可以了。（　　）

2．我国目前流通的货币不仅仅是人民币，还包括其他型态的货币。（　　）

3．货币是商品交换长期发展的结果。（　　）

4．价值尺度和流通手段是货币的基本职能。（　　）

5．纸币又称为不兑现的信用货币。目前世界上所有国家都采用纸币这种货币形式。（　　）

6．最早的货币形式是实物货币。（　　）

7．信用货币是货币面值低于其币材价值，且不能兑换的货币。 （ ）

8．货币是在商品交换中产生的，是以商品交换的存在为前提。 （ ）

9．第一次世界大战爆发后，各国纷纷发行不兑现的纸币，禁止黄金自由输出，银本位制随之告终。 （ ）

四、拓展题

1．认识世界主要国家的货币。

2．我国当前流通货币人民币假币的识别：了解识别假钞的诀窍，以及公民在收受现金时发现假钞应当怎么办。

3．了解和掌握识别假钞的基本方法。

4．了解和掌握发现假钞时应当采取的正确措施。

5．请同学上网查阅或者向银行有关人员请教识别假钞的基本方法，以及发现假钞时应当采取的正确措施，然后在班级交流。也可以就某些具体事例组织讨论，如应当怎样看待误收假币后企图用出去的现象。

6．请同学们查找资料，了解什么是通货紧缩，通货紧缩的原因是什么？对经济有什么影响？

7．查资料，搜集我国从新中国成立到现在总共发行了几套人民币，有哪些特点。

第5章　金融机构

学习目标

1. 掌握我国金融体系的基本构成。
2. 了解我国金融机构的类型和功能。
3. 掌握商业银行的性质和基本业务范围。
4. 了解中央银行的性质和职能。

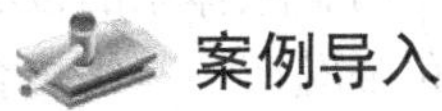

案例导入

2009年中国金融业状况

2009年末，银行业资产总额为78.77万元，同比增长26.25%；商业银行不良贷款率为1.6%，同比下降3.8个百分点；商业银行资本充足率全面达标。银行业金融机构实现税后利润6624.71亿元，比上年同期增长816.54亿元，同比上升14.06%。证券期货经营结构的实力明显增强，截至2009年末，我国证券公司的总资产达到2.03万亿元，全年实现净利润932.71亿元；60家基金管理公司共管理各类资产3.1万亿元，比上年增长40%，全年共发行基金118只，募集资金378.2亿元。保险业的整体实力明显提升，在金融市场中的地位和作用逐步提高，截至2009年末，保险公司的总资产为40.6万亿元，较年初增长21.59%。

（资料来源：摘自2009年中国金融市场发展报告）

想一想　上述资料中涉及哪些金融机构？

5.1　金融机构体系

小资料　截至2006年年底，上海金融机构总数达706家，其中银行业机构254家，证券业机构119家，保险业机构333家，上海已形成了包括银行、证券、保险、基金、信托在内的中外资金金融机构共同发展的格局，金融开放程度显著提高，已有357家各类外资和中外合资金融机构汇聚上海。特别是2006年年底《外资银行管理条例》修订实施，到2007年5月已有12家外资银行选择将法人银行注册在上海，其中7家已经在正式开业。随着法人银行的设立，外资银行在上海金融市场上的重要性将更加突出，也将大大提高上海银行业金融机构在全国的地位和影响力。

（资料来源：上海金融发展报告，2007年9月1日）

5.1.1 金融机构体系概述

金融机构是指专门从事各种金融活动的中介组织，它既是货币、信用活动的参加者和经营者，也是各种资金融通活动的组织者。现代金融机构已发展为多种类型，在银行之外又有许多非银行的金融机构，各种金融机构组成相互联系，分工协作的统一体便构成了金融机构体系。世界各国的金融机构体系各有特色，但一般都是由中央银行、商业银行与非商业银行金融机构组成。

> **想一想** 你知道金融机构有哪些类型吗？它们各自从事哪些业务？你身边有哪些金融组织呢？

1. 中央银行

中央银行在一国金融机构体系中居于领导核心地位。中央银行不以营利为目的，不直接面向社会企业，单位和个人，不经营一般银行业务，专门行使宏观调控与金融管理职责。它作为货币发行的银行、银行的银行和国家的银行，成为一国金融体系的核心。中央银行代表国家制定并执行货币金融政策，依法监管金融机构和金融市场，维护金融体系的安全运行。

2. 商业银行

商业银行在现代各国金融体系中居于主体地位，是一国金融体系的主体。商业银行是以经营存贷款，办理转账结算为主要业务，以营利为主要经营目标的金融企业。随着市场经济的发展，商业银行的业务活动逐渐超出了传统的范围，现代商业银行已发展为综合性、多功能的金融机构。

3. 非银行金融机构

非银行金融机构是指商业银行和中央银行以外的具体经办某一类金融业务的金融机构，主要有保险公司、证券机构、信托投资公司、租赁公司、典当行和财务公司等。

5.1.2 我国现行的金融机构体系

目前，我国已基本建立了由金融监管机构监管，以中国人民银行为核心，商业银行为主体，政策性及非银行金融机构并存、协作的金融机构体系。

1. 金融监管机构

我国的金融监管机构包括中国银行业监督管理委员会（简称“中国银监会”）、中国证券监督管理委员会（简称“中国证监会”）、中国保险监督管理委员会（简称“中国保监会”）。

（1）中国银行业监督管理委员会

中国银行业监督管理委员会根据授权，统一监督管理银行、金融资产管理公司、信托投资公司及其他存款类金融机构，维护银行业的合法、稳健运行。中国银行业监督管理委员会自 2003 年 4 月 28 日起正式履行职责。中国银行业监督管理委员会的主要职责有以下几个方面：

1）制定有关银行业金融机构监管的规章制度和办法。

2）审批银行业金融机构及分支机构的设立、变更、终止及其业务范围。

3）对银行业金融机构实行现场和非现场监管，依法对违法、违规行为进行查处。

4）审查银行业金融机构高级管理人员任职资格。

5）负责统一编制全国银行数据、报表，并按照国家有关规定予以公布。

6）会同有关部门提出的存款类金融机构紧急风险处置意见和建议。

7）负责国有重点银行金融机构监事会的日常管理工作。

8）承办国务院交办的其他事项。

（2）中国证券监督管理委员会

1992 年 10 月，中国证券监督管理委员会宣告成立，标志着中国证券市场统一监管体制开始形成。国务院证券委员会是国家对证券市场进行统一宏观管理的主管机构。中国证券监督管理委员会是国务院证券委员会的监管执行机构，依照法律法规对证券市场进行监督。1998 年 4 月，根据国务院机构改革方案，决定将国务院证券委员会与中国证券监督管理委员会合并组织国务院直属正部级事业单位，是全国证券期货市场的主管部门。由此，进一步强化和明确了中国证券监督管理委员会的职能。

（3）中国保险监督管理委员会

中国保险监督管理委员会成立于 1998 年，为国务院直属事业单位，是全国商业保险的主管机关，由国务院授权履行行政管理职能，依照法律法规统一监督管理保险市场。其主要任务有以下几个方面。

1）拟定有关商业保险的政策法规和行业规划。

2）依法对保险企业的经营活动进行监督管理和业务指导，依法查处保险企业违法违规行为，保护被保险人的利益。

3）维护保险市场的秩序，培育和发展保险市场，完善保险市场体系，推进保险市场改革，促进保险企业公平竞争。

4）建立保险业风险的评价与预警系统，防范和化解保险业风险，促进保险企业的稳健经营和业务的健康发展。

> 讨论
> 银监会、保监会、证监会的同时存在有没有必要？

2. 中国人民银行

中国人民银行是我国的中央银行，是我国金融机构体系的核心，负责依法制定和执行货币政策，对金融业实施管理和监督，规范和维护金融秩序，并提供必要的金融服务。

中国人民银行履行下列职责：

1）制定和实施货币政策，保持货币币值稳定。

2）依法对金融机构进行监督管理，维护金融业的合法、稳健运行。

3）维护支付、清算系统的正常运行，为金融机构提供清算服务。

4）持有、管理、经营国家外汇储备和黄金储备。

5）经理国库和负责金融统计业务。

6）指导、部署金融业反洗钱工作，负责反洗钱的资金监测。

7）代表我国政府从事有关的国际金融活动。

3. 商业银行

我国现行的商业银行体系可分为国有商业银行、股份制商业银行、城市商业银行和外资金融机构四大类。

（1）国有商业银行

国有商业银行是由国家专业银行演变而来的，包括中国工商银行、中国农业银行、中国银行和中国建设银行。这4家银行目前无论在人员总数、机构网点数量，还是在资产规模及市场占有份额上，都在我国整个金融领域中处于绝对的优势地位。目前，我国国有商业银行都完成了股份制改造，并且成功上市，使其真正成为现代意义上的商业银行。

（2）股份制商业银行

20世纪80年代后期，随着金融体制改革的不断深化，我国陆续组建和成立了一批股份制商业银行，包括交通银行、招商银行、中信实业银行、中国光大银行、华夏银行、中国民生银行、广东发展银行、福建兴业银行、上海浦东发展银行、深圳发展银行等。

（3）城市商业银行

城市商业银行的前身是城市信用合作社。我国原有的5000家城市信用社，有相当多的城市信用社已失去合作性质，实际上已成为小型商业银行。为规避风险，形成规模，1995年国务院决定，在城市信用社清产核资的基础上，通过吸收地方财政、企业入股组建城市合作银行。这些城市商业银行的主要功能是为本地区经济发展融通资金，重点是为城市中小企业的发展提供金融服务。1999年城市合作银行全部改名为城市商业银行。城市商业银行按城市划分而设立，不得在不同城市设立分支机构。

（4）外资金融机构

随着我国改革开放的不断深入，外资金融机构不断进入中国，在华外资金融机构的数量及业务规模不断扩大，已成为我国金融机构体系的重要组成部分。目前，在我国境内设立的外资金融机构主要分为两类：一类是外资金融机构在华的代表处，进行工作洽谈、联络、咨询、服务等，不从事任何直接盈利的业务活动；另一类是外资金融机构在华设立的营业性机构，包括独资银行、外国银行分行、合资银行、外资非银行金融机构等。根据我国加入WTO的有关协议，2006年12月我国金融业开始全面开放。在我国境内开办的外资、合资金融机构的数量快速增长，其所占份额呈大幅增长态势。

4. 政策性银行

政策性银行是指政府出资成立、不以营利为目的，为贯彻政府的社会经济政策而在特定领域从事金融活动的金融机构。

1994年，为了适应经济发展的需要，加快专业银行商业化改革的进程，实现银行政策性业务与商业性业务的分离，我国相继成立了国家开发银行、中国农业发展银行和中国进出口银行三家政策性银行。

1）国家开发银行。是一家以国家重点建设为主要融资对象的政策性开发银行，经国务院批准于1994年3月成立，注册资本为500亿元人民币，由财政部核拨。

2）中国农业发展银行。于1994年11月成立，注册资本为200亿元人民币，由财政部核拨。中国农业发展银行是一家以承担国家粮油储备、农副产品收购、农业开发等方面政策性贷款为主要业务的政策性银行。

3）中国进出口银行。于1994年7月成立，注册资本33.8亿元人民币，由财政部拨付。其主要任务是执行国家产业政策和外贸政策，为机电产品和成套设备等资本性货物出口提供政策性金融支持。

5. 非银行金融机构

（1）保险公司

保险公司是指以经营保险业务为主的经济组织。按所有制性质不同，我国保险公司可分为国有保险公司和股份制保险公司两大类型。

目前，我国保险公司的业务险种达400余种，大致可分为财产保险、责任保险、保证保险和人身保险四大类及保险机构之间的再保险。1995年10月1日，新中国成立以来第一部保险法《中华人民共和国保险法》开始施行。

我国全国性的保险公司包括中国人民保险（集团）公司、中保财产保险有限公司、中保人寿保险有限公司、中保再保险有限公司、中国太平洋保险公司、中国平安保险公司、华泰财产保险公司、泰康人寿保险公司和新华人寿保险公司等；地方性的保险公司有新疆兵团保险公司、天安保险公司、大众保险公司、永安财产保险公司和华安财产保险公司等；外资、合资保险公司有香港民安保险深圳公司、美国友邦保险公司上海分公司、美国美亚保险公司广州分公司、东京海上保险公司上海分公司、中宏人寿保险股份有限公司和瑞士丰泰保险公司上海分公司等。

（2）信托投资公司

信托是指委托人基于对受托人的信任，将其财产委托给受托人，受托人按委托人的意愿，以自己的名义为受益人的利益或特定目的，对信托财产进行管理或处分的行为。目前，我国较有影响的信托投资公司有中国国际信托投资公司和中国新技术创业投资公司。

（3）证券机构

证券机构是指从事证券业务的机构，主要包括证券公司、证券交易所和证券登记结算公司等。

1）证券交易所是会员制的、非营利性的、为证券集中和交易提供场地事业法人。它主要职能有：提供证券交易的场所和设施，接受上市申请、安排证券上市，组织监督证券交易，对会员和上市公司进行监督，设立证券登记结算公司，管理和公布信息等。经

国务院批准，我国分别于1990年11月与1991年7月成立了上海证券交易所和深圳证券交易所。

小资料 上海证券交易所是中国大陆两所证券交易所之一，位于上海市浦东新区。上海证券交易所是不以营利为目的的法人，归属中国证监会直接管理。其主要职能包括：提供证券交易的场所和设施；制定证券交易所的业务规则；接受上市申请，安排证券上市；组织、监督证券交易；对会员、上市公司进行监管；管理和公布市场信息。截至2010年2月26日，874家公司、918只股票、1359只证券在上证所上市，上证所上市公司总市值达到174852.63亿元人民币，流通市值113592.58亿元人民币。

（资料来源：上海证券交易所）

深圳证券交易所由中国证监会直接监督管理，主要职能与上海证券交易所类同。截至2010年12月1日，上市公司1136家，上市证券1548只，总市值85 382亿元人民币，流通市值49 917亿元人民币。从2004年5月起设立了中小企业板块，2009年10月30日设立创业板。

（资料来源：深圳证券交易所）

2）证券公司又称证券商，是专门从事证券发行和交易的非银行金融机构。其主要业务有：推销政府公债、股票、企业债券，替人买卖（经纪业务）和自己买卖（自营业务）已上市的有价证券，参与企业收购、兼并，充当企业财务顾问等。

3）证券登记结算公司是为证券买卖双方提供股票过户、资金清算服务的证券机构。证券交易必然同时带来股票所有权的转移和资金的流动，为了确保过户准确和资金及时、足额到账，上海和深圳两家证券交易所都附设有登记结算公司。

除此之外，我国还有基金管理公司、中介服务机构和合格的境外机构投资者等证券机构。

除上述非银行金融机构外，我国还存在其他一些非银行的金融机构，如投资基金、邮政储蓄机构、金融租赁公司、企业集团财务公司、金融资产管理公司、信用合作社、典当行等。

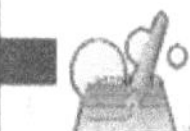

5.2 商业银行

商业银行是伴随着商品货币经济和信用制度的发展而产生和发展起来的。它由最初的货币经营业，逐渐演变发展为现代商业银行，随着经济发展对资金需求的多元化、客户对金融服务要求的高层次化，以及银行同业之间的竞争和银行内部盈利机制的驱动，商业银行的业务经营已经远远超出传统范围，已成为业务范围不断扩大、经营品种较为齐全、技术手段相当先进、服务质量不断提高的多功能、综合性的“金融百货公司”。

概括地说，商业银行是指以吸收存款为主要资金来源，以开发贷款和中间业务为主要业务，以营利为目的的综合性、多功能的金融企业。

5.2.1 商业银行的性质

1. 商业银行是企业

商业银行具有一般企业的特征，其经营目标是实现利润最大化。与其他企业相比较，商业银行也拥有从事业务经营所需的自有资本，并遵循自主经营、自负盈亏、自担风险、自求发展独立核算、依法活动、照章纳税等市场经营原则。所以，从商业银行在生产过程中的地位和所具备的企业特征看，它在性质上是企业。

2. 商业银行是特殊的企业

商业银行是通过办理吸收存款、发放贷款和转账结算等金融业务获取利润的企业，商业银行的经营对象不是普通商品，而是货币资金这种特殊的商品。所以，商业银行是特殊的企业。

3. 商业银行是特殊的银行

商业银行不同于其他金融机构，与中央银行比较，商业银行面向工商企业、公众、政府及其他金融机构，商业银行从事的金融业务的主要目的是赢利。而中央银行不对客户办理具体的信用业务，不以营利为目的。与其他金融机构相比，如政策性银行、保险公司、证券公司、信托公司等都属于特种金融机构，只限于办理某一方面和几种特定的金融业务，业务经营具有明显的局限性。而商业银行的业务经营则具有很强的广泛性和综合性，它已成为经营范围广泛、业务触角延伸到社会经济生活各个角落的“万能银行”和“金融百货公司”。所以说，商业银行是特殊的银行。

5.2.2 商业银行的主要业务

商业银行的业务大体可划分为负债业务、资产业务和中间业务三大类。前两类业务列入商业银行的资产负债表，称为表内业务；后一类则不列入商业银行的资产负债表中，称为表外业务。

1. 商业银行的负债业务

商业银行的负债业务是指形成商业银行资金来源的业务。它是商业银行资产业务和中间业务的基础。商业银行的资本包括两部分：自有资本和外来资本。商业银行的自有资本主要包括银行的原始资本、公积金和未分配利润。一般来说，在商业银行的全部可用资金中，自有资本所占的比重很小，绝大部分是外来资本。商业银行的外来资本主要包括存款业务、借款业务、发行金融债券和向国际金融市场融资。

（1）存款业务

存款业务是指企业、机关、团体或居民根据资金必须收回的原则，把货币资金存入银行或其他信贷机构保管并取得一定利息的一种信用活动形式。它是银行信贷资金的主

要来源，是开展贷款和其他业务的重要基础，通常存款约占商业银行负债总额的 80%以上。按存款对象或性质的不同可划分为企业存款、财政存款、机关团体存款、基本建设存款、储蓄存款、农村存款、委托存款、其他存款等；从存款时间长短的角度可分为短期存款和长期存款；从有无担保角度分为担保存款和无担保存款等。根据最普遍的划分方法，按支取方式不同一般可分为活期、定期和储蓄存款等。

1）活期存款指无需任何事先通知，存款户即可随时存取和转让的一种银行存款。此类存款一般不支付利息或支付很低的利息。

2）定期存款是指存款户将款项存入银行账号时，预先约定时间，到期才能提取的存款。相对于活期存款，定期存款相对稳定。它的利息比活期存款要高。也正由于定期存款有固定期限，因此它对商业银行的长期贷款和长期投资具有重要意义。

3）储蓄存款是指居民货币收入用于消费后的余额中存入银行的那部分款项。居民储蓄存款在商业银行存款负债中所占比重最大。我国商业银行的储蓄存款分为活期储蓄与定期储蓄两种。由于储蓄存款多数属于个人，分散于社会上的各家各户，为了保障储户的利益，各国对经营储蓄存款业务的商业银行有严格的管理规定，并要求银行对储蓄存款负无限的清偿责任。

（2）借款业务

商业银行的借款业务主要包括中央银行借款和同业拆借两个部分。

1）向中央银行借款。中央银行是“银行的银行”，是商业银行的最后贷款人。当商业银行出现资金的临时性或季节性需要时，可向中央银行借款。

2）同业拆借是商业银行之间发生的短期的或临时性的融资。当一个营业日终了，银行之间进行结算时，有的银行出现资金不足，而有的则会出现结余，这就需要相互融通资金。同业拆借时间很短，以日计息，一般没有抵押，属信用拆借。同业拆借交易的资金主要是各商业银行存放在中央银行存款户上的多余资金。在正常情况下，同业拆借的利率以高于存款利率低于贷款利率为限，拆借利率一般也总是略低于中央银行的再贴现率。我国同业拆借市场由 1～7 天的头寸市场和期限在 120 天内的借贷市场组成。

头寸指投资者拥有或借用的资金数量。也指市场上货币流通数量，即银根。如银根松说头寸松，银根紧也说头寸紧。

（3）发行金融债券

发行金融债券是指商业银行为筹集长期资金而采用的筹资方式。金融债券的期限较长，一般在 10～30 年，其收益率一般高于同期定期存款的利率。我国自 1985 年工商银行和农业银行首次发行 5 亿元金融债券以来，各家国有商业银行也陆续开始发行金融债券。

（4）向国际金融市场融资

近年来，国际金融市场上的闲置资金迅速增加。从国际金融市场融资已成为商业银行的一个重要资金来源。

2. 商业银行的资产业务

商业银行的资产业务，主要是指商业银行的资金运用，是商业银行运用其货币资金从事各种信用活动以获得利润的业务。商业银行的资产业务是其取得利润、实现盈利目标的手段。商业银行通过各种途径所获得的资金都是有代价的（如支付利息），只有把这些资金有效地加以利用，才能弥补获得这些资金时所付出的代价，并取得利润。商业银行资产业务主要包括现金资产、贷款和证券投资以及其他资产等。

（1）现金资产

现金资产是银行资产中最具流动性的部分。这部分资产虽然不能给银行带来直接收益，但却是必不可少的。这一方面是因为银行必须保留一部分的现金以应付客户提现的需要；另一方面是中央银行需要集中一部分现金以适应对国民经济进行调控的需要。现金资产主要包括商业银行库存现金、交存中央银行的准备金、同业存款和托收未达款。

（2）贷款业务

贷款指银行或其他信贷机构根据资金必须归还的原则，按一定利率，为企业、个人等提供资金的一种信用活动形式。贷款业务是商业银行的一项基本业务，也是商业银行最重要的资产。近年来，我国的商业贷款约占全部资产业务的60%以上。

贷款的分类方法很多。按期限长短为标准，贷款可分为短期贷款、中期贷款和长期贷款；按贷款条件不同，贷款可分为信用贷款、担保贷款和票据贴现。

> **想一想** 如果董财经先生想要购买第二套房子，你认为应该采取何种贷款形式？

（3）证券投资

证券投资是指商业银行以其资金购买有价证券的一种资产业务，是商业银行的重要收入来源。投资的主要对象是政府债券以及金融债券和公司债券等。

（4）其他资产

其他资产是指商业银行的实物资产，即投资于建筑、设备所形成的资产。

3. 商业银行的中间业务

商业银行的中间业务是指商业银行以中介人的身份为客户办理各种委托事项，从中收取手续费的业务。商业银行的中间业务主要包括转账结算业务、信用卡业务和国际业务等。

（1）转账结算业务

商业银行在办理转账业务结算过程中，涉及收款方、付款方和商业银行等三方利益。因此，在办理过程中，无论哪方当事人都必须遵守的转账结算原则是：一是恪守信用、履约付款；二是谁的钱进谁的账，由谁支配；三是银行不予垫款。

（2）信用卡业务

信用卡是商业银行以持卡人的“信用”为条件，向持卡人提供诸多便利的一种信用

凭证。有了信用卡，持卡人可以到特约地点进行消费，也可以到特约地点提取现金。商业银行开办信用卡业务，除了减少现金流通，节约社会流通费用，方便持卡人消费外，主要目的是扩大商业银行与客户的联系，以提高商业银行的社会声誉，增强竞争力。目前我国大多数商业银行都有自己的信用卡。

（3）国际业务

世界经济的一体化与全球化，不仅带来了国际贸易的自由化，也推动了商业银行业务的国际化。商业银行的国际业务主要包括：国际结算、国际信贷和外汇买卖业务。此外，商业银行还经办信托、租赁和代理等中间业务。

想一想　随着银行间的竞争日趋激烈，银行越来越重视中间业务的发展，你知道这是为什么吗？

5.3 中央银行

中央银行是一个国家金融体系中居于中心地位的金融机构或组织，担负着管理银行、非银行金融机构以及金融市场的责任，是统领一国金融机构体系、控制全国货币供给和实施国家货币政策的最高金融机构。

小资料　中国人民银行是1948年12月1日在华北银行、北海银行、西北农民银行的基础上合并组成的。1984年以前，中国人民银行身兼中央银行及商业银行的职能。1983年9月，国务院决定中国人民银行专门行使中央银行职能，同时成立中国工商银行来办理其原来商业银行的业务。1995年3月18日通过的《中华人民共和国中国人民银行法》确立了其作为中央银行的法律依据。

5.3.1 中央银行的性质

中央银行的性质是由它在国民经济中所处的地位决定的，并随着中央银行制度的发展而不断变化的。中央银行是国家赋予其制定和执行货币政策，对国民经济进行宏观调控和管理监督的特殊的金融机构，处于一国金融业的领导地位。因此，现代中央银行有别于其他金融机构的独特性质。

1. 地位的特殊性

中央银行既是金融市场的参与者，又是金融市场的管理者，在金融市场上占支配地位。一方面中央银行通过公开市场操作，直接参与金融市场活动，调节社会的货币供应量，影响社会信用规模；另一方面，通过对金融市场进行必要的行政干预，引导信用活动按中央银行的政策意向来进行。

2. 管理的特殊性

中央银行虽然也从事货币信用业务，但其经营目的不是为了营利，而是根据经济发展的客观需要，运用货币政策工具来影响商业银行的信用行为，达到控制社会信用规模，调节信用结构的目的。

3. 业务的特殊性

中央银行在原则上不经营一般商业银行业务，因为中央银行在一国金融体系中的特殊地位，享有许多特权，而且还承担着控制全国货币信用，对商业银行实行监管的职责。所以，不对社会上的企业、单位和个人办理存贷和结算业务，只与政府或商业银行等金融机构发生资金往来。

5.3.2 中央银行的职能

中央银行主要有三大基本职能：货币发行的银行、银行的银行和政府的银行。

1. 发行的银行

中央银行垄断一国货币的发行权，是一国唯一的货币发行机构，这对调节货币流通、保持币值稳定具有重要意义。

2. 银行的银行

中央银行服务于商业银行和整个金融体系，履行维持金融稳定、促进金融业发展的职责。

3. 政府的银行

中央银行对一国政府提供金融服务，同时中央银行代表国家从事金融活动，实施金融监管。

5.3.3 中央银行的主要业务

1. 货币发行业务

中央银行的货币发行业务是指其在流通领域投入货币的业务。它是中央银行的一种垄断性资金来源业务，也是中央银行最重要的负债业务。

2. 存款业务

中央银行的存款主要来自金融机构、政府和公共部门。

商业银行和其他金融机构在中央银行的存款称为准备金存款。从数量上看，他包括两部分，一部分是法定准备金存款；另一部分是超额准备金存款，即超过法定准备金以上的部分。前一部分是中央银行为商业银行提供贷款或票据贴现的主要资金来源；后一部分则主要用于商业银行或金融机构之间的债务清算。

政府和公共部门在中央银行的存款也包括两部分：一部分是财政金库存款，即由政府财政收入形成的存款；另一部分是政府和公共部门的经费存款。

3．贷款业务

中央银行的贷款业务，主要是其对商业银行和其他金融机构的放款业务。中央银行开展此类贷款业务的目的，主要在于为商业银行和其他金融机构解决短期资金周转的困难。中央银行对商业银行的贷款方式主要有信用放款、担保放款和抵押放款3种。

4．经理国库和黄金、外汇储备业务

中国人民银行作为政府的银行，经理国库是国家赋予的一项重要职责。国库工作是国家预算执行的重要组成部分，中央银行经理国库的职责就是办理国库预算收支，反映国库预算执行情况。

中央银行的黄金、外汇储备业务，是中央银行按照政府的授权，集中国家的黄金外汇储备业务。中央银行集中黄金、外汇储备是通过购买的方式实现的，因此，必然占用资金，形成其资金运用的一个重要部分。

练　习　题

一、单项选择题

1．我国金融机构体系的核心是（　　）。

A．中国银行　　B．中国农业银行

C．中国人民银行　　D．中国工商银行

2．我国金融机构体系的主体是（　　）。

A．中国人民银行　　B．商业银行　　C．城市信用社　　D．证券机构

3．我国的同业拆借市场由1～7天的头寸市场和期限在（　　）天内的借贷市场组成。

A．100　　B．200　　C．120　　D．300

4．信用卡是商业银行以持卡人的（　　）为条件，向持卡人提供诸多便利的一种信用凭证。

A．信用　　B．资产　　C．收入　　D．银行存款

二、多项选择题

1．中央银行的职能为（　　）。

A．发行货币的银行　　B．以盈利为目的的银行

C．银行的银行　　D．国家的银行

2．以下哪些属于非银行金融机构（　　）。

A．保险公司　　B．证券公司

C. 信托投资公司　　D. 租赁公司

3. 商业银行的外来资本的来源主要包括（　　）。

A. 存款业务　　B. 借款业务

C. 发行金融债券　　D. 国际金融市场融资

4. 商业银行的借款业务主要包括（　　）。

A. 发行金融债券　　B. 借款业务

C. 向中央银行借款　　D. 同业拆借

5. 贷款业务按条件不同可分为（　　）。

A. 信用贷款　　B. 担保贷款

C. 票据贴现　　D. 同业拆借

三、判断题

1. 信用卡是商业银行以持卡人的“资本”为条件，向持卡人提供诸多便利的一种信用凭证。（　　）

2. 中央银行在一国金融机构体系中居于领导主体地位。（　　）

3. 政策性银行，是指政府出资成立，以盈利为目的，为贯彻政府的社会政策而在特定领域从事金融活动的金融机构。（　　）

4. 保险公司是指以经营保险业务为主的经济组织。按所有制性质不同，我国保险公司可分为国有保险公司和私有制保险公司两大类型。（　　）

5. 商业银行的转账结算业务原则是：恪守信用、履约付款；谁的钱进谁的账，由谁支配；银行不予垫款。（　　）

四、填空题

1. 金融机构是专门从事各种金融活动的中介组织，它既是__________，信用活动的__________和__________。

2. 我国的金融监管机构包括__________、__________、__________。

3. 我国现行的商业银行体系可分为__________、__________、__________和__________。

4. 国家开发银行，是一家以国家重点建设为主要融资对象的政策性开发银行，经国务院批准于__________成立，注册资本由__________核拨。

5. 证券机构是指从事证券业务的机构，主要包括__________、__________和__________。

第6章 利息与利息率

学习目标

1. 理解利息的本质。
2. 了解利率的划分标准及主要分类。
3. 掌握利率的概念及其表示方法。
4. 能应用单利法和复利法进行利息的计算。
5. 能够运用单利和复利的计算方法，进行银行储蓄理财活动，进行房贷按揭利率计算和选择。
6. 学会通过分析银行存贷款利率的具体规定进行投资理财。

案例导入

案例一：我们从一个学生的问题开始，以下是一位同学和老师的一段对话：

同学甲："老师，假如我买彩票中了500万，我放在银行里，一年可以得到多少利息；我能不能从此不工作了，靠银行支付利息过上好日子？"

我们通过解决如下问题，也许就能回答该同学的问题。

（1）500万元奖金纳税以后可实际得到多少奖金？

（2）将奖金放在银行一年利息可得多少？

（3）买彩票是不是一种理财方式？为什么？

案例二：2010年11月，董财经先生家开了个家庭会议，议题：买房子。前两天董先生一家人去看了一套二手房，房屋所处的位置交通便利，小区环境和配套也令一家人很满意。房屋面积100平方米，单价为10000元/平方米，首付四成，余款可向工商银行申请15年期限的60万元贷款。银行提供的还款方式有等额本金还款法和等额本息还款法两种。以他和太太交纳住房公积金的情况，可以申请50万元的住房公积金贷款或商业住房贷款（目前公积金贷款年利率和商业住房贷款年利率见书中利率表）。董先生一家到底该如何选择银行贷款的种类和还款的方式才能达到贷款成本与还款压力的平衡呢？

以上两个案例都涉及利息的概念和计算，而这就是我们本章学习的内容。

6.1 利息与利息率

6.1.1 利息

1. 利息的概念

利息是指债权人借出资金给债务人，经过一段时间后所获得的经济补偿，是收回的超过本金的那一部分金额。利息是债务人为取得货币的使用权所付出的代价，也就是债权人在借贷关系中转让了货币的使用权而获得的报酬，即“货币的价格”。

2. 利息的来源

（1）马克思的利息本质论

马克思指出，利息不是产生于货币的自行增值，而是产生于它作为资本的使用。首先，利息以货币转化成资本为前提；其次，利息和利润一样，都是剩余价值的转化形式；再次，利息是职能资本家让渡给借贷资本家的那一部分剩余价值，是利润的一部分。

（2）利息剩余价值论

西方经济学家的利息理论主要从货币的供求关系着眼，有代表性的如亚当•斯密提出的利息剩余价值论。他认为利息具有双重来源，其一，当借贷的资本用于生产时，利息来源于利润；其二，当借贷的资本用于消费时，利息来源于别的收入，如地租。

利息的多少取决于三个因素：本金、存期和利息率水平。

6.1.2 利息率

1. 利息率的定义

利息率是指一定时期内，利息额同借贷资本金的比率，简称利率。不同时期，不同经济状况下的利率是不同的。利率作为资本生产要素的“价格”，是衡量一切金融活动盈利性的标尺，也是国民经济宏观调控的重要手段。表 6.1 和表 6.2 为自 2010 年 12 月 26 日起执行的存款及贷款利率表。

表 6.1 金融机构人民币存款基准利率表——存款利率

金融机构人民币存款基准利率表——存款利率(2010 年 12 月 26 日起执行)	
种 类	年利率(%)
一、城乡居民及单位存款	
（一）活期	0.36
（二）定期	
1．整存整取	

续表

种　　类	年利率(%)
三个月	2.25
半年	2.50
一年	2.75
二年	3.55
三年	4.15
五年	4.55
2．零存整取、整存零取、存本取息	
一年	2.25
三年	2.50
五年	2.75
3．定活两便	按一年以内定期整存整取同档次利率打 6 折
二、协定存款	1.17
三、通知存款	
一天	0.81
七天	1.35

（资料来源：http://www.pbc.jov.cn/）

表 6.2　金融机构人民币存款基准利率表——贷款利率

金融机构人民币存款基准利率表——贷款利率(2010 年 12 月 26 日起执行)	
种　　类	年利率（%）
一、短期贷款	
六个月（含）	5.35
一年(含)	5.81
二、中长期贷款	
一至三年(含)	5.85
三至五年(含)	6.22
五年以上	6.40
三、贴现	以再贴现利率为下限加点确定
四、个人住房公积金贷款	
五年以下（含五年）	3.75
五年以上	4.30

注：本表为中国人民银行公布的金融机构人民币存款基准利率表，各商业银行具体执行的利率可以在允许的范围内进行适当调整。

（资料来源：http://www.pbc.jov.cn/）

2．利息率的分类

（1）按利率的表示方法划分，可分为年利率、日利率和月利率

目前，我国储蓄存款利率由国家统一规定，人民银行挂牌公告。一般分为年利率、

月利率、日利率三种。年利率以百分比表示，月利率以千分比表示，日利率以万分比表示。如年息九厘写为9%，即每百元存款定期一年利息9元，月息六厘写为6‰，即每千元存款一月利息6元，日息一厘五毫写为1.5‱，即每万元存款每日利息1元5角，目前我国储蓄存款用月利率挂牌。

年利率、日利率和月利率三者之间的关系如下。

月利率（%）＝年利率（%）÷12

日利率（%）＝年利率（%）÷360

年利率（%）＝月利率（%）×12＝日利率×360（365）

年利率与日利率的换算，我国惯例都按360天计算。

小知识

我国传统的利率表示方法："分"、"厘"、"毫"。民间借贷习惯用分和厘来表示利息，其所计量的基准是元，例如一分利，指的是借款一元到期需偿付一分的利息（民间借贷一般是以一个月为一期来计算，即月利率千分之十，或者是年利率百分之十二），分、厘、毫的换算关系是：1分＝10厘；1厘＝10毫。

利率表示方法不同，分、厘、毫的含义也不同，具体如表6.3所示。

表6.3 分、厘、毫的表示方法

利率	1分		1厘		1毫	
日息	0.01%	1‱	0.001%	0.1‱	0.0001%	0.01‱
月息	1%	10‰	0.1%	1‰	0.01%	0.1‰
年息	10%	10%	1%	1%	0.1%	0.1%

（2）按利率与通货膨胀的关系，可分为名义利率与实际利率

在纸币流通条件下，由于纸币本身没有内在价值，他作为金属货币的符号和代表执行货币的各项职能，因此，纸币所代表的价值量随着流通中发行纸币数量的变化而变化。当纸币发行数量超过流通中货币必要量时，单位纸币实际代表的价值就会发生贬值，进而发生物价持续上涨的现象，即通货膨胀。由于出现了纸币的名义价值和实际价值之分，因此也就出现了名义利率与实际利率的差别。

1）名义利率是指没有剔除通货膨胀因素的利率，也就是借款合同或单据上标明的利率．实际利率是指已经剔除通货膨胀因素后的利率。

2）名义利率与实际利率二者之间的关系可表示为

名义利率－通货膨胀率＝实际利率

判断利率水平，不仅要看名义利率，还要考虑物价上涨对实际利率的影响。所以在借贷过程中，从债权人方面说，要承担货币贬值的通货膨胀风险；而就债务人方面说，则会遭遇通货紧缩的风险。

（3）按借贷期内利率是否浮动，可分为固定利率与浮动利率

1）固定利率是指利息率在整个借款期间固定不变，它是不随借贷资金的供求关系和

市场利率的波动而发生变化的利率。实行固定利率，对于借贷双方准确计算成本与收益十分方便，是传统采用的方式。但是，由于通货膨胀日益普遍并且越来越严重，实行固定利率，对债权人，尤其是对进行长期放款的债权人会带来较大的损失，因此，在越来越多的借贷中开始采用浮动利率。

2）浮动利率是指利息率随着市场利率的波动而定期调整变化的利率。浮动利率定期调整尽管可以为债权人减少损失，但也因手续繁杂、计算依据多样而增加费用开支，因此，多用于 3 年以上的借贷及国际金融市场。我国人民币借贷一般以固定利率为主。

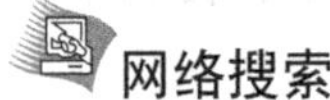

网络搜索

搜集固定利率和浮动利率在我国当前借贷市场应用的资料。

（4）按利率的决定方式，可分为市场利率与官定利率

1）市场利率是指在金融市场上，由借贷资金供求关系直接决定并可以自由变动的利率。利率按市场规律自由变动是市场利率存在的前提条件，借贷资金供大于求时利率作为资金的价格会下跌，借贷资金供小于求时利率作为资金的价格会上升。

2）官定利率由政府金融管理部门或者中央银行根据政策推行的需要而确定的利率。它是国家实现宏观调控目标的一种经济手段，它反映了非市场的强制力量对利率形成的干预。我国目前以官定利率为主，发达的市场经济国家，以市场利率为主，发展中国家和地区的情况，基本介于上述两类情况之间。加快利率市场化的问题是我国目前金融改革的重点。

6.1.3 利息的计算与应用

利息和我们的生活密切相关，存款可以获取利息，贷款需要支付利息，货币的借贷都涉及利息的计算和支付。计算利息的方法有两种：一种叫单利计息法，另一种叫复利计息法。

单利与复利的区别在于利息是否参与计息。单利计算方法在借款时段内利息不参与计息；复利计算中利息按照约定的计息周期参与计息。二者的计算公式不同。

1. 单利计算

单利是指在计算利息时，不论借贷期限多长，仅对本金计算利息，所得的利息不再加入本金计算利息。单利法计算利息简单，操作容易，也便于理解。目前，我国银行存款计息和到期一次还本付息的国债都采取单利计息的方式。

利息的计算公式可表示为

$$利息＝本金×利率×期数$$

用字母表示为

$$I=p\times r\times n \tag{6.1}$$

$$S=p\times r\times n+p=p(1+rn) \tag{6.2}$$

式中，I——利息；P——本金；r——利率；n——期数；S——本利和.

【例 6-1】小文 2010 年 1 月 1 日将现金 1000 元存入银行 3 年，到期一次还本付息，

单利计息，假设银行年利率为 10%。则 3 年到期利息和本利和各是多少？

解:（1）利息为

$$I=p\times r\times n$$
$$=1000\times 10\%\times 3$$
$$=300\text{（元）}$$

计算结果见表 6.4

（2）本利和为

$$S=p(1+rn)$$
$$=1000\times(1+10\%\times 3)$$
$$=1300\text{（元）}$$

或 $S=I+p=1000+300=1300$（元）

表 6.4 单利计算表

年份	本金	年利息	累计利息	本息之和
第 1 年	1000	100	100	1100
第 2 年	1000	100	200	1200
第 3 年	1000	100	300	1300

【例 6-2】陈先生 50000 元闲置资金，估计最近 1～5 年内不用，打算存在银行里 5 年，根据教材中给出的目前银行公布的利率，问 5 年后可得利息是多少，本利和是多少？

解：

$$I=p\times r\times n$$
$$=50000\times 4.55\%\times 5$$
$$=11375\text{（元）}$$
$$S=50000+11375=61375\text{（元）}$$

小知识

我国对于活期储蓄存款，银行的规定是每个季度最后一个月的 21 日结一次息，也就是把上期的利息计算出来加入本金中，即活期储蓄存款按复利结算，即每季一结息，下季结息时上季利息也有利息。但要注意的是在每一个季度里，活期储蓄存款还是按单利计息的。所以，在某种程度上，银行活期储蓄存款具有“按季复利计息”的性质。

2. 复利计算

复利是指在计算利息时，要按一定期限（一般为一年），将所生利息加入本金一并计算利息，逐期滚算，俗称“利滚利”。也就是说，把运用钱财所获取的利息或赚到的利润加入本金，继续赚取报酬。复利重视时间因素所起的作用，也更能反映信贷关系的本质，更好地体现信贷资金占用时间越长利息越多的原则。

复利计算公式可表示为

$$S=P(1+r)^n \tag{6.3}$$

$$I=S-P=P(1+r)^n-P=P[(1+r)^n-1] \tag{6.4}$$

式中，S——本利和；P——本金；r——利率；n——时间；I——利息。

其中，$(1+r)^n$ 称为终值系数，可以通过查复利终值系数表快速查得，使计算更为简便。复利计算的特点是在每经过一个计息期后，都要将所生利息加入本金，以计算下期的利息。这样，在每一计息期，上一个计息期的利息都要成为生息的本金，即以利生利，所以在计算时每一期本金的数额是不同的。要注意的是复利的定义和计算公式都是假设每一期的利息都不支付或提取。

【例 6-3】小文 2007 年 1 月 1 日将现金 1000 元进行信托投资，到期一次还本付息，收益率为复利，假设年利率为 10%。则 3 年到期利息和本利和各是多少？

分析：每一年的利息计算如下：

第 1 年末的利息＝1000×10%＝100

第 1 年末的本金与利息之和＝1000＋100＝1100

第 2 年末的利息＝1100×10%＝110；累计利息＝100＋110＝210

第 2 年末的本金与利息之和＝1100＋110＝1210

第 3 年末的利息＝1210×10%＝121；累计利息＝210＋121＝331

第 3 年末的本金与利息之和＝1000＋100＋110＋121＝1331

计算结果如表 6.5 所示。

表 6.5　复利计算表

年　份	本　金	年 利 息	累计利息	本息之和
第 1 年	1000	100	100	1100
第 2 年	1100	110	210	1210
第 3 年	1210	121	331	1331

利用式（6.3）和公式（6.4）直接计算【例 6-3】的复利本利和及利息为

$$\begin{aligned} S&=P(1+r)^n \\ &=1000\times(1+10\%)^3 \\ &=1331\text{（元）} \end{aligned}$$

$$\begin{aligned} I&=S-P=P[(1+r)^n-1] \\ &=1000\times[(1+10\%)^3-1] \\ &=1000\times(1.331-1) \\ &=331\text{（元）} \end{aligned}$$

不管是单利还是复利，本金、期限和利率构成计算利息的三要素，本金越大，期限越长、利率越高，利息额就越大。

在我国，民间贷款的利息同样适用两种计算方法，即单利和复利计息，民间利率的计算是通过借贷双方的协商来确定的。民间借贷利率最高不得超过银行同类贷款利率的

四倍，对超出部分的利息法律不予保护。

6.1.4 决定利率水平的因素

1. 平均利润率

通过利息的来源，我们知道利息只能是利润的一部分而不是全部，因为如果利息是利润的全部，就没有人愿意借款去投资。如果利息是零或负数，就不会有人愿意把货币资金贷出去。利息是社会平均利润的一部分，利息率随社会平均利润率的变动而变动。

2. 借贷资金的供求状况

一般情况下，当借贷资本供不应求，信用紧缩时，利率上升；当借贷资本供过于求，信用松动时，利率下降。即利率的变动受借贷资本供求情况的影响。

3. 借贷期限

期限不同，利率也不相同，一般情况下，贷款使用的时间越长，利率越高，时间越短，利率越低。

4. 国家政策和国家调节经济的需要

在现代经济中，利率作为国家宏观经济调控的重要杠杆，已经成为各国政府用来干预宏观经济的重要手段。国家可以根据一定时期的政策目标和调节经济的需要，调整官方利率，以影响整个市场的利率水平。

5. 国际市场利率的变化

随着经济全球化进程的加快，金融市场的全球化趋势越来越明显。国际市场利率水平的变化，其他国家利率水平的变化，使得国际市场与国内市场利率水平出现不平衡，从而导致国际间资本或海外游资在一国内外往来流动，影响一个国家的国际收支平衡，从而影响国内的利率变化。

6.2 利率与理财

6.2.1 复利的威力

爱因斯坦曾经说：“复利是世界第八大奇迹，其威力比原子弹更大！”从投资的角度来看，以复利计算的投资报酬效果是相当惊人的。

令人不可小觑的复利功能

362 年前，白人移民用 24 美元的物品，从印第安人手中买下了相当于现在曼哈顿的那块土地，现在这块地皮值 281 亿美元，与本金差额整整有 11 亿倍之巨。如果把这 24 美元存进银行，以年息 8 厘计算，今天的本息就是 30 万亿美元，可以买下 1067 个曼哈顿；以 6 厘计算，现值为 347 亿美元，可以买下 1.23 个曼哈顿。

当我们在做财务规划时，了解复利的运作和计算是相当重要的。比如拿 1 万元去做某项投资，若一切顺利，约 3 年半的时间，1 万元就变成 2 万元。复利的时间乘数效果在此得到充分的发挥。

“复利 72 法则”，就是假定以 1%的复利来计息，经过 72 年以后，你的本利和就会变成原来本金的两倍。具体来说，就是用 72 去除平均每年的复利收益率，就能求得本钱翻一番的时间，即本金增长 1 倍所需的时间（年）=72÷年投资回报率（%）。这个法则是个近似计算，其好处在于他能以一推十，例如，利用 5%年报酬率的投资工具，经过 14.4 年（72/5）本金就会翻一倍。今天如果你手中有 10 万元，运用了报酬率为 15%的投资工具，你可以很快便知道，经过约 4.8 年，你的 10 万元就会变成 20 万元。

6.2.2 利率与储蓄理财

> 想一想 假如你有 10 万元，在未来的 4 年里将闲置不用，根据银行目前的利率规定，如何存款使存款利息最大化？

储蓄是理财的第一步，是基本的金融理财工具，同时又是收益最低，安全性最高的理财工具，如何储蓄才能获得最大的收益呢？

成功理财的第一步，就是要积累一定的储蓄。目前，储蓄依然是工薪家庭投资理财的主要方式。一般认为，至少要把我们月收入的 15%用于储蓄。在参加储蓄时，如果能够科学安排，合理配置，则可以获取较高的利息收入。

1. 整存整取

对整存整取的定期储蓄，可采用以下方法在兼顾资金流动性的同时获取最大的收益。

（1）滚动存储法

每月将积余的钱存入一张 1 年期整存整取定期储蓄，存储的数额可根据家庭的经济收入而定，存满 1 年为一个周期。1 年后第一张存单到期，可取出储蓄本息，凑个整数，进行下一轮的周期储蓄。如此循环往复，手头始终是 12 张存单，每月都可有一定数额的资金收益，储蓄数额滚动增加，家庭积蓄也随之丰裕。滚动储蓄可选择 1 年期的，也可选择 3 年期或 5 年期的定期储蓄。这种储蓄方法较为灵活，每月存储额可视家庭经济收入而定，无需固定。一旦急需钱用，只要支取到期或近期所存的储蓄就可以了，可以减少利息损失。

（2）阶梯存储法

假如你持有 3 万元，可分别用 1 万元开设 1 至 3 年期的定期储蓄存单各一份。1 年后，

可用到期的1万元，再开设1个3年期的存单，以此类推，3年后你持有的存单则全部为3年期的，只是到期的年限不同，依次相差1年。此种储蓄方式可使年度储蓄到期额保持等量平衡，既能应对储蓄利率的调整，又可获取3年期存款的较高利息。这是一种中长期投资，适宜于工薪家庭为子女积累教育基金与未来的婚嫁等。

（3）四分存储法

如果持有1万元，可分存成四张定期存单，每张存额应注意呈梯形状，以适应急需时不同的数额，既将1万元分别存成1000元、2000元、3000元、4000元四张1年期定期存单。此种存法，假如1年内需要动用2000元，就只需支取2000元的存单，避免了需要小数额动用大存单的弊端，以减少不必要的利息损失。

（4）组合存储法

这是一种存本取息与零存整取相组合的储蓄方法。如你现有5万元，可以先存入存本取息储蓄户，在一个月后，取出存本取息储蓄的第一个月利息，再开设一个零存整取储蓄户，此后将每月的利息存入零存整取储蓄。这样不仅可以得到存本取息储蓄利息，而且其利息在存入零存整取储蓄后又获得了利息。

以上四种方法实际都是充分利用银行定期储蓄利率高于活期利率的情况，通过对存款的种类、存期、数额进行合理安排，在保证存款流动性的情况下获得最大的利息收入。值得一提的是，现在进行储蓄，不用像以前一样常往银行跑，费时费力。有更简便的方法，就是开通活期账户卡的网上银行或手机银行，现在很多银行的网上银行或手机银行都支持卡内互转，定期转活期，活期转定期，有不同的期限可选择，你只要在网上银行或手机进行操作即可。

2. 通知存款

通知存款是一种不约定存期、支取时需提前通知银行、约定支取日期和金额方能支取的存款。

个人通知存款不论实际存期多长，按存款人提前通知的期限长短划分为1天通知存款和7天通知存款两个品种。1天通知存款必须提前1天通知约定支取的存款数额，7天通知存款则必须提前7天通知约定支取的存款数额。人民币通知存款最低起存、最低支取和最低留存金额均为5万元，外币最低起存金额为1000美元等值外币（各银行起存金额可向当地银行咨询）。

现在银行推出的通知存款法对那些用钱的时间确定，并且短期（不超过3个月）闲置资金比较巨大的情况非常有价值。通知存款的利率是活期的几倍，并且只要你在需要用钱时按照规定和协议提前通知银行具体支取时间，就可以支取。通知存款不仅免去了大量现金放在家里的安全隐患，也享受了高额利息。

6.2.3 利率与居民房产理财

利率水平的变动会影响人们对投资收益的预期，从而影响其消费支出和投资决策的意愿。

网络搜索

搜索通知存款的办理方法。

银行按揭即购房抵押贷款，是购房者以所购房屋产权做抵押，由银行先行支付房款给开发商，以后购房者按月向银行分期支付本息，银行按揭的成数通常由五成到八成不等，期限由 1 年到 30 年不等。银行按揭是促进房地产市场活跃的最有效的手段。

1. 贷款的类别

按揭买房，是我国居民目前购买住房和进行房产投资的主要融资形式，大部分人往往只知道每月月供多少金额，具体银行的利息是如何计算的可能并不清楚。通过下面的说明，可以让大家了解到相关的知识。

（1）商业按揭贷款

商业按揭贷款又称个人住房贷款，是中国人民银行批准设立的商业银行和住房储蓄银行，为城镇居民购买自用普通住房提供的贷款，执行法定贷款利率。

（2）住房公积金贷款

住房公积金贷款是指由各地住房公积金管理中心运用职工以其所在单位所缴纳的住房公积金，委托商业银行向缴存住房公积金的在职职工和在职期间缴存住房公积金的离退休职工发放的房屋抵押贷款。住房公积金贷款的类别有：新房贷款、二手房贷款、自建住房贷款、住房装修贷款、商业性住房贷款转公积金贷款等。住房公积金贷款属政策性的个人住房贷款，具有一定的政策补贴性质，只要个人所在单位建立过住房公积金且按期缴纳了公积金的均有权申请贷款，它最大的优点是利率低。

（3）公积金贷款与商业按揭贷款的共同点与区别

公积金货款与商业按揭贷款的共同点：

1）无论是公积金贷款还是商业贷款，都要求借款人按所购住房价款一定比例支付首付款，以降低贷款风险。

2）无论是公积金贷款还是商业贷款，都要求以所购住房做抵押、质押或第三人承担连带责任保证。其目的是保证贷款资产的安全，把贷款风险降到最低。

公积金贷款与商业按揭贷款的不同点：

1）借款主体不同。商业按揭贷款的借款主体是具有合法且稳定收入来源的居民；公积金贷款的借款主体则是住房公积金的缴存人。相比而言前者的借款主体较后者的借款主体范围更大。

2）贷款额度不同。商业按揭贷款额度只有不超过所购住房价款一定比例的限制；公积金贷款额度是根据个人和单位的住房公积金的存量确定的，因此除了比例限制外，贷款总额度也是有限制的。

3）贷款期限不同。商业按揭贷款期限是根据借款人的偿还能力和承受能力，由委托人和借款人商定，期限较长；住房公积金贷款期限为 1～30 年（其中购买二手住房贷款期限为 1～10 年），并不得长于借款人距法定退休年龄的时间。

4）贷款利率不同。相对于商业住房贷款，住房公积金贷款最大的优势在于利率较低，还款方式灵活。缺点在于

网络搜索

搜索最新的住房公积金贷款利率并与商业按揭贷款利率进行比较。

手续烦琐，审批时间长。

2. 还款的方式

现行房贷利息计算方法，主要有等额本息法（平均还贷法）、等额本金法（递减法）。两者有什么联系和区别呢？

1）等额本息法是指借款人每月以相等的金额偿还贷款本息，其中每月贷款利息按月初剩余贷款本金计算并逐月结清。通俗地讲，是指把按揭贷款的本金总额与利息总额相加，然后平均分摊到还款期限的每个月中，每个月的还款额是固定的，但每月还款额中的本金比重逐月递增、利息比重逐月递减。这种方法是目前最为普遍，也是大部分银行长期推荐的方式。

优点：计算简便，每个月金额相同，便于月供者安排资金。

原理：每月还款额，按现行利率折现到贷款时点，求出每个月固定还款额。

计算公式：每月还款额＝［贷款本金×月利率×（1＋月利率）＾还款月数］÷［(1＋月利率）＾还款月数－1］，其中＾符号表示乘方。

【例 6-4】某人向建设银行申请 500000 元，20 年期公积金贷款，等额本息法偿还，全为公积金贷款，按人民银行自 2010 年 12 月 27 日起执行的 5 年以上的公积金贷款利率计算，可通过网络公积金贷款计算器计算如下：

① 进入相关网页如银率网，点击公积金贷款计算器，输入贷款期限和金额等相关信息，如图 6.1 所示；

② 点计算，得出每月还款额，贷款周期内支付利息总额和还款总额，如图 6.2 所示；

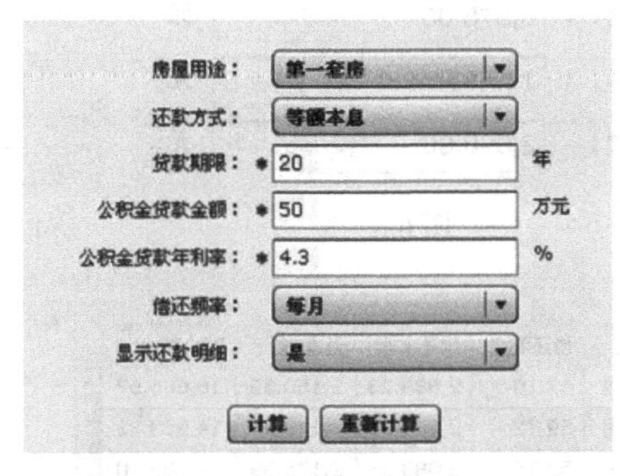

图 6.1

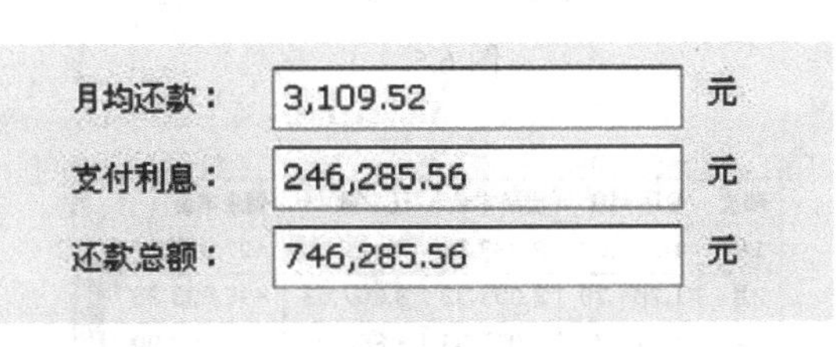

图 6.2

③ 最初 10 期利息及还款额计算如图 6.3 所示；

④ 依此类推：最后期限的利息如图 6.4 所示。

2）等额本金法借款人每月按相等的金额（贷款金额/贷款月数）偿还贷款本金，每月贷款利息按月初剩余贷款本金计算并逐月结清，两者合计即为每月的还款额。通俗地讲，指每月还的本金相同，但利息不同，这样每个月还款总数就不相同，由于本金不断减少，所以，每月还的本利和递减。

期次	偿还利息	偿还本金	还款额	剩余本金
1月	1,791.67	1,317.86	3,109.52	498,682.14
2月	1,786.94	1,322.58	3,109.52	497,359.56
3月	1,782.21	1,327.32	3,109.52	496,032.25
4月	1,777.45	1,332.07	3,109.52	494,700.17
5月	1,772.68	1,336.85	3,109.52	493,363.32
6月	1,767.89	1,341.64	3,109.52	492,021.69
7月	1,763.08	1,346.45	3,109.52	490,675.24
8月	1,758.25	1,351.27	3,109.52	489,323.97
9月	1,753.41	1,356.11	3,109.52	487,967.86
10月	1,748.55	1,360.97	3,109.52	486,606.89

图 6.3

期次	偿还利息	偿还本金	还款额	剩余本金
232月	98.51	3,011.01	3,109.52	24,479.80
233月	87.72	3,021.80	3,109.52	21,458.00
234月	76.89	3,032.63	3,109.52	18,425.37
235月	66.02	3,043.50	3,109.52	15,381.87
236月	55.12	3,054.40	3,109.52	12,327.46
237月	44.17	3,065.35	3,109.52	9,262.11
238月	33.19	3,076.33	3,109.52	6,185.78
239月	22.17	3,087.36	3,109.52	3,098.42
240月	11.10	3,098.42	3,109.52	0.00

图 6.4

优点：年限较长的话，总体利息比较低。

原理：每月还款额＝每月还的固定本金+利息

计算公式：每月还款金额＝（贷款本金/还款月数）＋（本金－已归还本金累计额）×每月利率

【例 6-5】某人向建设银行申请 500000 元，20 年期公积金贷款，等额本金法偿还，全为公积金贷款，仍按人民银行自 2010 年 12 月 27 日起执行的 5 年以上的公积金贷款利率计算，通过网络公积金贷款计算器计算如图 6.5～图 6.8 所示。

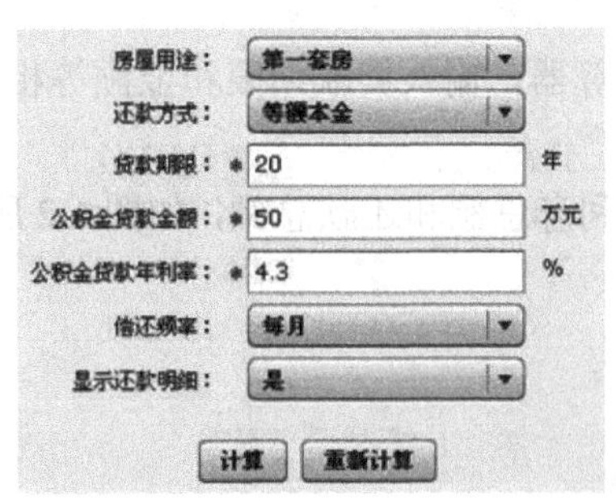

图 6.5

还款总额： 715,895.83 元

首期还款： 3,875.00 元

支付利息： 215,895.83 元

末期还款： 2,090.80 元

图 6.6

期次	偿还利息	偿还本金	还款额	剩余本金
1月	1,791.67	2,083.33	3,875.00	497,916.67
2月	1,784.20	2,083.33	3,867.53	495,833.33
3月	1,776.74	2,083.33	3,860.07	493,750.00
4月	1,769.27	2,083.33	3,852.60	491,666.67
5月	1,761.81	2,083.33	3,845.14	489,583.33
6月	1,754.34	2,083.33	3,837.67	487,500.00
7月	1,746.88	2,083.33	3,830.21	485,416.67
8月	1,739.41	2,083.33	3,822.74	483,333.33
9月	1,731.94	2,083.33	3,815.28	481,250.00
10月	1,724.48	2,083.33	3,807.81	479,166.67

图 6.7

期次	偿还利息	偿还本金	还款额	剩余本金
232月	67.19	2,083.33	2,150.52	16,666.67
233月	59.72	2,083.33	2,143.06	14,583.33
234月	52.26	2,083.33	2,135.59	12,500.00
235月	44.79	2,083.33	2,128.13	10,416.67
236月	37.33	2,083.33	2,120.66	8,333.33
237月	29.86	2,083.33	2,113.19	6,250.00
238月	22.40	2,083.33	2,105.73	4,166.67
239月	14.93	2,083.33	2,098.26	2,083.33
240月	7.47	2,083.33	2,090.80	0.00

图 6.8

通过以上我们可以得知，只要我们选择了还款方式和期限，不管是商业贷款还是公

积金贷款，通过网络我们可以很容易的知道我们在未来的还款周期内的还款情况，以便更好地对未来的家庭财务作长远的规划和安排。

3）按揭贷款采用不同还款方式下的利息成本比较与贷款选择。了解了以上知识，我们就可以进一步探讨，对等额本金还款法和等额本息还款法进行比较，以便选择最适合每个人的还款方式。

我们将【例 6.4】和【例 6.5】的计算结果比较如表 6.6 所示。

表 6.6

还款方式	等额本金还款法			等额本息还款法		
分类	月供	本金	利息	月供	本金	利息
第一个月	3 875.00	2 083.33	1 791.67	3 109.52	1 317.86	1 791.67
第二个月	3 867.53	2 083.33	1 784.20	3 109.52	1 322.58	1 786.94
第三个月	3 860.07	2 083.33	1 776.74	3 109.52	1 327.32	1 782.21
第四个月	3 852.60	2 083.33	1 769.27	3 109.52	1 332.07	1 777.45
第五个月	3 845.14	2 083.33	1 761.81	3 109.52	1 336.85	1 772.68
依此类推	……	……	……	……	……	……
最后一个月	2 090.8	2 083.33	7.47	3 109.52	3 098.42	11.1
还款合计	715 895.83	500 000	215 895.83	746 285.56	500 000	246 285.56

从以上表格我们可以看出同样是 500 000 元，20 年期的公积金贷款，等额本息还款法比等额本金还款法要多支付 30 389.73 元的利息。原因在于两者计算利息的方式不同。

等额本息贷款采用的是复合利率计算。在每期还款结算时刻，剩余本金所产生的利息要和剩余的本金（贷款余额）一起计息，也就是说未付的利息也要计息，在国外，它是公认的适合放贷人利益的贷款方式。等额本金贷款采用的是简单利率方式计算利息。在每期还款的结算时刻，它只对剩余的本金（贷款余额）计息，也就是说未支付的贷款利息不与未支付的贷款余额一起作利息计算，而只对本金计算利息。因此，在传统的还款方式下，贷款周期越长，等额本息贷款要比等额本金贷款产生更多的利息，所以贷款周期越长的借款人，越应该选择等额本金贷款。

当然，另一方面，我们从上表也可以看出，虽然等额本金贷款能节省很多利息，但等额本金贷款每期还款金额都不同，而且前期还款金额较重，后期还款金额较轻。这要求借款人的还款能力要适应这种情况。而等额本息贷款每期还款金额相同，前期月供比等额本金少很多，贷款人的前期还款压力较轻，借款人可以比较容易的根据自己的还款能力，制订贷款方案。

附：中国人民银行关于人民币存贷款计结息问题的通知（银发[2005]129 号）

中国人民银行各分行、营业管理部，各省会（首府）城市中心支行、深圳市中心支行，政策性银行、国有独资商业银行、股份制商业银行，国家邮政局邮政储汇局：

为稳步推进利率市场化，维护正常的金融秩序，创造公平有序的竞争环境，人民银行按照利率改革和管理的要求对涉及人民币存、贷款计结息的有关文件规定进行了适当修改。现就修改内容通知如下：

一、人民银行对金融机构的存款计、结息规定

（一）金融机构的法定准备金存款和超额准备金存款按日计息，按季结息，计息期间遇利率调整分段计息，每季度末月的20日为结息日。

（二）邮政汇兑资金在人民银行贷方余额执行超额准备金利率，按日计息，按季结息，计息期间遇利率调整分段计息，每季度末月的20日为结息日。

二、金融机构存款的计、结息规定

1）个人活期存款按季结息，按结息日挂牌活期利率计息，每季末月的20日为结息日。未到结息日清户时，按清户日挂牌公告的活期利率计息到清户前一日止。

单位活期存款按日计息，按季结息，计息期间遇利率调整分段计息，每季度末月的20日为结息日。

2）以现行的居民储蓄整存整取定期存款的期限档次和利率水平为标准，统一个人存款、单位存款的定期存款期限档次。

3）除活期存款和定期整存整取存款外，通知存款、协定存款，定活两便、存本取息、零存整取和整存零取等其他存款种类的计、结息规则，由开办业务的金融机构法人（农村信用社以县联社为单位），以不超过人民银行同期限档次存款利率上限为原则，自行制定并提前告知客户。

三、存贷款利率换算和计息公式

1）人民币业务的利率换算公式为

日利率（%）＝年利率（%）÷360

月利率（‰）＝年利率（%）÷12

2）银行可采用积数计息法和逐笔计息法计算利息。

3）积数计息法按实际天数每日累计账户余额，以累计计息积数乘以日利率计算利息。计息公式为

利息＝累计计息积数×日利率

其中累计计息积数＝每日余额合计数。

4）逐笔计息法按预先确定的计息公式逐笔计算利息。

计息期为整年（月）的，计息公式为

利息＝本金×年（月）数×年（月）利率

计息期有整年（月）又有零头天数的，计息公式为

利息＝本金×年（月）数×年（月）利率＋本金×零头天数×日利率

同时，银行可选择将计息期全部化为实际天数计算利息，即每年为365天（闰年366天），每月为当月公历实际天数，计息公式为

利息＝本金×实际天数×日利率

四、执行时间

本通知自2005年9月21日起执行。由于部分农村信用社和邮政储蓄基层机构计算机尚未普及，其执行个人活期存款按季结息的时间最迟可延至2006年1月21日。具体执行时间由人民银行分行、省会（首府）城市中心支行根据本辖区实际情况决定，并敦

促农村信用社和邮政储蓄机构积极创造条件尽早实施。

五、其他有关规定

全国性商业银行法人制定的计、结息规则和存贷款业务的计息方法，报中国人民银行总行备案并告知客户；区域性商业银行和城市信用社法人报人民银行分行、省会（首府）城市中心支行备案并告知客户；农村信用社县联社法人可根据所在县农村信用社的实际情况制定计、结息规则和存贷款业务的计息方法，报人民银行分行、省会（首府）城市中心支行备案，并由农村信用社法人告知客户。《人民币利率管理规定》、《单位存款管理办法》和《通知存款管理办法》等有关文件中有关计、结息条款与本通知不符的，以本通知为准。

练 习 题

一、单项选择题

1．当名义利率为3%，物价上涨率为4.5%，则实际利率为（　　）。

A．7.5%　　B．1.5%　　C．－1.5%　　D．3%

2．如果某人5年后想拥有50 000元，在利率为5%、单利计息的情况下，他现在必须存入银行的款项是（　　）元。

A．50 000　　B．40 000　　C．39 176.31　　D．47 500

3．公积金贷款与商业性住房贷款相比最大的优点在于（　　）。

A．贷款期限长　　B．利率高　　C．利率低　　D．贷款额度大

4．利息率在整个借款期间固定不变，不随借贷资金的供求关系和市场利率的波动而发生变化的利率是（　　）。

A．浮动利率　　B．名义利率　　C．固定利率　　D．市场利率

5．某人借款10 000元，年利率为6%，期限两年，按复利计算应付利息为（　　）。

A．1250　　B．1200　　C．1226　　D．1236

6．在借贷过程中，从债权人方面说，要承担货币贬值的（　　）风险。

A．通货膨胀　　B．通货紧缩　　C．利率风险　　D．市场利率

7．某人在银行存款1 000 000元，年利率为4.2%，期限5年，应得利息（　　）。

A．210 000　　B．200 000　　C．21 000　　D．20 000

8．72法则说明了复利的巨大能量，试问1 000 000在收益率为6%的情况下，经过（　　）年，本利和可以翻一倍。

A．4年　　B．6年　　C．10年　　D．12年

二、多项选择题

1．影响利率变化的因素有（　　）。

A．平均利润率　　B．通货膨胀率

C．国家经济政策　　　　　　　　D．借贷资本供求状况

2．对整存整取的定期储蓄，可采用以下哪些方法，在兼顾资金流动性的同时获取最大的收益（　　）。

A．滚动存储法　　　　　　　　B．四分存储法

C．阶梯存储法　　　　　　　　D．组合存储法

3．公积金贷款与商业按揭贷款的区别在于（　　）。

A．借款主体不同　　　　　　　B．贷款额度不同

C．贷款期限不同　　　　　　　D．贷款利率不同

4．按利率的决定方式划分，利率可分为（　　）。

A．市场利率　　　　　　　　　B．官方利率

C．名义利率　　　　　　　　　D．实际利率

5．按利率与通货膨胀的关系，可分为（　　）。

A．固定利率　　　　　　　　　B．官方利率

C．名义利率　　　　　　　　　D．实际利率

三、判断题

1．计算利息的方法有单利和复利两种，我国银行存款利息按复利计息。（　　）

2．当物价上涨率超过银行名义利率，则实际利率为正值。（　　）

3．单利与复利的区别在于利息是否参与计息。（　　）

4．在某种程度上，银行活期存款具有“按季复利”的性质。（　　）

5．通知存款的利率是活期的几倍，对那些用钱时间确定，并且短期（不超过 3 个月）闲置资金比较大的情况非常有价值。（　　）

6．个人活期存款按季结息，按结息日挂牌活期利率计息，每季末月的最后一天为结息日。（　　）

7．公积金贷款与商业性住房贷款相比最大的优点在于利率低。（　　）

8．不管是单利还是复利，本金、期限和利率构成计算利息的三要素，本金越大，期限越长、利率越高，利息额就越大。（　　）

四、计算题

1．假设本金是 400 万，年利率都是 5%，1 年后单利和复利计算的利息和本利和分别是多少？如果是月利率 5%，2 年后单利和复利计算的利息和本利和分别是多少？

2．小君家有 50 000 元钱，准备把它们存入银行，妈妈要存 3 年期（年利率 3.6%），爸爸要存 1 年期（年利率 2.5%），并在每年到期时将本息续存 1 年期定期储蓄，这样共存 3 年。两人意见不统一，小华经过计算比较选择了一种更有利的方式。

计算比较哪种方式更有利？利息差额是多少？

3．王先生现年 35 岁，打算购买一套 100 平方米的房子，计划首付四成，余款 60 万元向工商银行申请 20 年期贷款。他可选择的还款方式有等额本金还款法和等额本息还款

法两种。根据银行存贷款利率表可知，5年以上公积金贷款利率为3.87%，商业贷款利率为5.94%，以他和妻子缴交住房公积金的情况，他可以申请60万元的住房公积金贷款。

问题：

（1）分别采用公积金贷款和商业贷款利率计算并填写表一和表二中括号里缺的数字，要求写出计算过程。

（2）试分析公积金贷款和商业贷款的区别。

表一 公积金贷款计算表

还款方式	等额本金还款法			等额本息还款法		
分　类	月　供	本　金	利　息	月　供	本　金	利　息
第一个月	（　）	（　）	（　）	（　）	（　）	（　）
第二个月	（　）	（　）	（　）	（　）	（　）	（　）
依此类推	……	……	……	……	……	……
最后一个月	2 508.06	（　）	8.06	3 594.91	3 583.36	11.56
还款合计	833 167.5	（　）	233 167.5	862 779.12	（　）	262 779.12

表二 商业贷款计算表

还款方式	等额本金还款法			等额本息还款法		
分　类	月　供	本　金	利　息	月　供	本　金	利　息
第一个月	（　）	（　）	（　）	（　）	（　）	（　）
第二个月	（　）	（　）	（　）	（　）	（　）	（　）
依此类推	……	……	……	……	……	……
最后一个月	2 512.38	（　）	12.38	4 277.84	4 256.77	21.07
还款合计	957 885	（　）	357 885	1 026 682.47	（　）	426 682.47

五、拓展题

收集我国近10年来中国人民银行公布的银行存贷款利率变化表，利用本章所学知识，试分析利率变化的趋势和原因。

第7章　金融市场

学习目标

1. 了解并掌握金融市场的概念、分类及构成要素。
2. 理解并掌握货币市场的含义、类别和基本内容。
3. 理解并掌握资本市场中的债券市场含义和基本内容。
4. 了解黄金市场的基本内容。

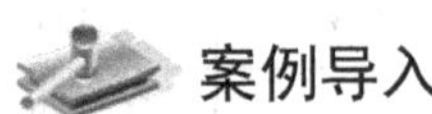

案例导入

董财经先生的运气不错，前些年尝试投资股票，正好碰上大牛市，10万元入市，等到买房的时候从股市退出，已经是25万元了。而这次退出刚好又逃过了大熊市，避免了像其他更多的股民那样把赚到的钱又赔回去的经历。那么，什么是“牛市”？什么是“熊市”？跟金融市场是什么关系？金融市场跟我们熟悉的菜市场、服装市场有什么不同？那就让我们一起进入本章的学习吧。

7.1　金融市场概述

7.1.1　金融市场的概念

金融市场是资金供求双方借助金融工具进行各种货币交易活动的场所，是各种融资市场的总称。金融市场有广义和狭义之分。广义的金融市场泛指所有融资活动，包括金融机构存贷款、有价证券的发行与交易、票据承兑和贴现、黄金与外汇的买卖，以及信托、租赁、保险等各类融资市场。而狭义的金融市场，则主要是指通过票据、有价证券而进行的融资活动。

一般来说，早期的金融交易通常有固定的场所，即为有形市场，各种金融商品的交易到该场所进行。现在的有形市场最主要的形式是证券交易所。随着电子通信技术的发展和便捷通信工具的产生，人们无须再到固定场所实现交易，往往

小知识

金融工具，也称为金融商品，是指借以实现资金融通的一切金融资产，它主要包括股票、债券、商业票据、银行承兑汇票等有价证券；存款、贷款凭证、黄金、外汇等金融资产。

通过网络、电话等实现资金的融通，这也就是新兴的无形市场。目前，金融市场呈现有形市场与无形市场并存的状态。

7.1.2 金融市场的特点

金融市场与其他交易市场相比，具有以下特点。

1．交易商品的特殊性

一般商品市场交易的商品是具有一定价值和使用价值的商品，而金融市场的交易对象是同质的金融商品。金融商品就是资金或代表资金的各种票据、凭证和证券等。

2．交易价格的特殊性

一般商品的交易价格是由商品价值所决定的，价格是价值的货币表现，而金融商品的价格表现为“利率”。也就是说，金融商品有各自的价格表现，但它们的价格与利率有着密切的联系。金融商品的供求是以一定的利率水平为参照进行的。

3．交易市场的特殊性

一般商品市场都具有相对固定的场所，而金融市场交易的场所在大部分情况下是无形市场。金融资产的交易一般通过电话、传真和互联网进行交易，交易双方关注的是交易价格（或利率），不必看货拍板。金融资产可以在这样一种无形的网络中迅速转移。

7.1.3 金融市场的构成要素

金融市场的构成要素主要包括金融市场交易的主体、客体、媒介和价格。

1．金融市场交易的主体

金融市场交易的主体就是参与者，包括资金的需求者和资金的供应者。现代金融市场的参与者包括社会经济生活的各个部门，主要包括政府机构、企业、金融机构、个人等。从这些参与者本身来看，他们既是货币资金的需求者，同时也是资金的供给者。

2．金融市场交易的客体

金融市场的客体是指金融市场的交易对象，金融市场的交易对象是货币资金，即货币资金由资金盈余一方（即资金供给者）转到资金短缺一方（资金需求者）。资金供给者“卖”出货币资金是为了获取比利息或红利更多的利润收入；金融中介机构提供各种服务，是为了获取手续费收入或赚取差价收入。但是这种交易的实现不是以货币资金的直接转移形式出现的，其交易过程往往借助于各种各样的交易工具来实现。因此，交易客体，通常是指金融市场上的各种交易工具或金融工具，包括股票、债券和

商业票据等。

3. 金融市场交易的媒介

金融市场交易的媒介是指从事交易或促使交易完成的机构和个人。它的作用在于促进资金融通，在资金的需求者与供应者之间架起桥梁。金融市场的媒介主要是指各类金融机构，如商业银行、投资银行、证券公司和保险公司等。

4. 金融市场交易的价格

金融市场中交易的是特殊的金融商品，金融市场中取得货币资金使用权要付出一定的代价，出让货币资金使用权应取得一定的报酬，这就是通过利率或收益率来计算的，这里的利率或收益率就是金融市场的价格。

7.1.4 金融市场的功能

1. 融资的功能

融资是金融市场最主要的功能。金融市场集合了融资双方，使彼此之间可以自由灵活地进行资金调剂。对资金需求者来说，金融市场可以满足资金筹措者的筹资需求；对资金供给者来说，通过金融市场交易卖出资金，可以实现资金增值，并且比银行存款具有更大的灵活性和适应性。

2. 资源配置的功能

货币资金的流向主要是取决于资金的收益率，一个企业的经营状况好、效益高、收益率高，投资者就愿意认购该企业发行的债券、股票；反之，如果企业效益低下甚至亏损，就很难在金融市场上筹集到资金。这样就使得资金向效益好、使用效率高及资金收益率高的产业和行业流动，自发调节产业结构和优化产业结构，促使有限的资金合理地被使用，优化了资源的配置。

3. 调节经济的功能

金融市场的调节功能，主要是中央银行在金融市场上调节货币供求和控制信贷规模。金融市场是中央银行进行间接调节货币供应量的理想场所，中央银行通过公开市场业务操作，在金融市场卖出有价证券回笼货币，或者买入有价证券增加货币投放量。中央银行也可以通过提高或降低再贴现率，从而影响商业银行的利率水平，达到控制信贷规模的目的。

7.1.5 金融市场的分类

金融市场是由许多具体的，相互独立但又紧密关联的市场组成。按不同标准可以进

> 想一想 金融市场与消费品市场、生产资料市场、劳动力市场、技术市场、信息市场、房地产市场、旅游服务市场等各类市场相互联系，相互依存，共同形成统一市场的有机整体，那么金融市场在这个整体中占据什么样的地位？

行不同的分类。

1）按金融交易的业务内容划分，金融市场可分为货币市场、资本市场、外汇市场和黄金市场。

货币市场是指融通1年以下短期资金的场所，主要是解决市场的短期性、临时性的资金需求，如国库券、商业票据市场等。

资本市场是指专门融通期限1年以上的中长期资金市场，主要是满足政府和企业对资本的需要，如股票市场、债券市场。

外汇市场是指外汇交易的场所，是各种经营外汇的机构和个人进行外汇买卖活动的总称。

黄金市场是指专门集中进行黄金买卖的交易中心或场所，它是金融市场的重要组成部分。

2）按金融交易的程序分类，金融市场可分为发行市场和流通市场。

发行市场又称一级市场或初级市场，是资金需求者将金融资产首次出售给公众时所形成的市场。如票据、股票、债券等有价证券的最初发生场所。

流通市场又称次级市场或二级市场，是证券发行后，各种有价证券在不同投资者之间买卖所形成的市场。主要是指已发行的票据、股票、债券等有价证券转让买卖的场所。

3）按成交后是否立即交割分类，金融市场可分为现货市场和期货市场。

现货市场是指即期交易的市场，即交易双方成交后，当天或在3天以内进行交割的市场。

期货市场是指交易双方达成协议或成交后，不立即交割，而是在未来的一定时间内进行交割的场所。

7.2 货币市场与资本市场

7.2.1 货币市场

1. 货币市场的含义

货币市场是指融资期限在1年以内的短期资金交易市场，货币市场的功能是调剂短期资金的余缺。

2. 货币市场的特点

货币市场的特点主要有以下几个方面：

1）融资期限短。融资期限最短只有半天或1天，最长不超过1年。

2）解决短期资金周转的需要。货币市场的资金供给主要是资金所有者的暂时闲置资金。

3）资金需求一般用于满足流动资金的临时不足。

4）交易工具流动性强，风险小。

5）金融工具具有较强的“货币性”。该货币交易活动所使用的金融工具期限短，具

有高度的流动性，风险较小，随时可在市场上转换成现金而接近于货币，所以有时把货币市场称为短期资金市场。

3. 货币市场的构成

货币市场主要是由同业拆借市场、票据市场、大额可转让定期存款单市场、证券回购市场及国库券市场等构成。

（1）同业拆借市场

同业拆借市场是指银行等金融机构相互之间进行资金融通的市场。一般来说，进入该市场的都是金融机构。期限按日计算，一般不超过1个月，最短的只有半日，如日本的“半日拆”，从上午票据交换清算后到当日营业结束为限，若拆借期限为24小时，则俗称“日拆”。拆借的利率叫“拆息”，由交易双方协商自定，通常低于中央银行的再贴现率而高于银行的资金成本。银行间的同业拆借交易，一般没有固定的场所，主要是通过电信手段成交。

我国于1996年1月建立了同业拆借市场。

（2）票据市场

票据是具有法定格式，表明债权债务关系的一种有价凭证。票据市场包括票据承兑市场和票据贴现市场。

1）票据承兑市场是指授予承兑保证，创造承兑汇票的市场。承兑是指汇票付款人承诺在汇票到期日支付汇票金额的一种票据行为。

2）票据贴现市场是指对未到期的票据进行贴现，为客户提供短期资金融通的市场。

在票据贴现市场上办理贴现业务的机构主要有商业银行、贴现公司、中央银行等，可用以贴现的票据主要是经过背书的汇票和经过承兑的汇票。

（3）大额可转让定期存款单市场

它是指发行和买卖大额可转让定期存款单的市场。大额可转让定期存单由美国纽约州花旗银行于1961年首创，简称CDs。与其他存款相比，存单的主要特点是：① 期限短，一般都在1年以内；② 面额固定，起点高；③ 利率比同期限的定期存款高；④ 不记名，可自由转让。

我国于1988年上半年起，才由中国银行和交通银行首次发行可转让定期清单。1989年之后，其他银行也相继开始发行。

（4）证券回购市场

证券回购是指资金短缺者在货币市场出售证券融通资金时，同资金盈余者即证券购入者签订协议，同意证券出售者在约定的时间按协议约定的价格购回所售证券。证券回购协议的期限很短，通常为一个营业日，最长也只有6个月。

我国的证券回购市场兴起于1994年，作为抵押品的主要是国库券。目前，不仅在上海、深圳两个交易所开展了证券回购业务，全国银行间同业拆借市场也开展了该项业务。证券回购的主体逐渐扩大到证券公司、保险公司和基金管理公司，证券回购的品种也有了很大的发展。随着经济发展，证券回购市场在资金融通方面将会发挥更大的作用。

小知识 国库券是政府为弥补国库资金临时不足而发行的短期债务凭证。国际上一般将偿还期在1年以上的政府债券叫国债或公债，而将偿还期在1年以下的政府债券称国库券。在大多数国家的货币市场上，国库券都是第一大交易品种。中央政府发行国库券主要是解决政府的短期流动性问题，即解决国库收支的短期差额问题。国库券通常采用贴现方式招标发行。国库券的二级市场流通一般是在证券交易所或银行间国债市场上进行的。

7.2.2 资本市场

1. 资本市场的含义

资本市场是指证券融资和经营1年以上中长期资金借贷的金融市场，包括股票市场、债券市场、基金市场和中长期信贷市场等。其融通的资金主要作为扩大再生产的资本使用，因此称为资本市场。

2. 资本市场的特点

资本市场的特点有以下几个方面。

1）融资期限长。融资期限至少在1年以上，最长可达数十年，甚至没有限期。

2）解决长期投资性资金的需要。新筹措的长期资金主要用于补充固定资本，扩大生产能力。

3）资金交易量大，以满足长期项目的需要。

4）风险性大。由于资本市场融资期限长，期间可能会有很多不确定的因素发生，有较大风险。

3. 资本市场的构成

我国具有典型代表意义的资本市场包括以下四部分。

（1）债券市场

这里所说的债券市场是指期限在1年以上、以国家信用为保证的国库券、国家重点建设债券、财政债券、基本建设债券、保值公债、特种国债的发行与交易市场。

（2）股票市场

股票市场包括股票的发行市场和股票交易市场（详见第8章）。

小资料 上海和深圳两交易所网站数据显示，截至2010年11月2日，上证所上市公司数量达889家，深证所上市公司数量为1113家（包括主板上市的485家，中小板的490家和创业板的138家），两市合计上市公司数量达2002家。

20年来，上证所和深证所各自从“老八股”和“老五股”时代起步，茁壮发展成为合计上市公司总数超2000家、股票总市值和流通市值分别达27.72万亿元和16.46万亿元的全亚洲最重要的股票市场之一。

（3）基金市场

基金市场即投资基金的发行与交易市场。投资基金是一种利益共享、风险共担的集合投资制度，即通过向社会公开发行一种凭证来筹集资金，并将资金用于证券投资。其优势有以下几点。

1）集众多的分散、小额资金为一个整体。

2）委托经验丰富的专家经营管理。

3）分散投资，降低风险。

投资基金按组织形式，可分为契约型基金和公司型基金；按基金受益凭证可否赎回和买卖方式，则分为开放式基金和封闭式基金。我国投资基金起步于 1991 年，目前已有 61 家基金公司。

（4）中长期信贷市场

该市场的资金供应者主要是不动产银行、动产银行，其资金投向主要是工商企业固定资产更新、扩建和新建。资金借贷一般都需要以固定资产、土地、建筑物等作为担保品。

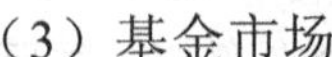

7.3 黄金市场

7.3.1 黄金市场

1. 黄金市场的概念和基本内容

黄金市场是集中进行黄金买卖的交易场所。黄金交易与证券交易一样，都要通过交易所进行。世界各地的黄金市场就是由存在于各地的黄金交易所构成。黄金交易所一般都是在各个国际金融中心，是国际金融市场的重要组成部分。在黄金市场上买卖的黄金形式多种多样，主要有各种成色和重量的金条、金币、金丝和金叶等，其中最重要的是金条。大金条量重价高，是专业金商和中央银行买卖的对象，小金条量轻价低，是私人和企业买卖、收藏的对象。金价按纯金的重量计算，即以金条的重量乘以金条的成色。

目前，世界各国实行不兑现信用货币制度，黄金虽已退出货币流通领域，但由于历史原因和其稀缺性，黄金在经济生活中仍占有重要而特殊的地位。它不仅是国际贸易和国际其他经济往来的最后支付手段，而且是最重要的价值储藏手段，同时还是工业生产、珍贵艺术品的重要原料。因此，黄金买卖既是国家调节国际储备资产的重要手段，也是居民调整个人财富储藏形式的一种方式。黄金市场在国际金融市场中始终占有重要地位，发挥着重要的作用。

2. 国际黄金市场的参与者

黄金市场的参与者可分为国际金商、银行、对冲基金等金融机构、各种法人机构、私人投资者以及在黄金期货交易中有很大作用的经纪公司。

小资料

资料一：地球上的人类在整个数千年文明历史中，从这个星球上共挖出来总量约 15 万多吨黄金，其中的 40%即总量大约为 6 万多吨的黄金是作为可流通的金融性储备资产，存在于世界金融流通领域。其中 3 万多吨的黄金是各个国家拥有的官方金融战略储备，2 万多吨黄金是国际上私人和民间企业所拥有的民间金融黄金储备；而另外 60%左右的黄金是一般性商品状态存在，如存在于首饰制品、历史文物、电子化学等工业产品中。需要注意的是，这其中有很大一部分可以随时转换为私人和民间力量所拥有的金融性资产，参与到金融流通领域中。

资料二：2007 年，全世界各国公布的官方黄金储备总量为 32 700 吨，其中官方黄金储备 1000 吨以上的国家和组织有：美国、德国、法国、瑞士及国际组织。在这些国家和组织中，美国的黄金储备最多，为 8149 吨，占世界官方黄金储备总量的 24.9%。官方黄金储备排名前 10 的国家占世界各国官方黄金储备总量的 75%以上。中国黄金储备官方数字约 600 吨，实际应有 1000 吨左右。

3. 国际性的黄金市场

伦敦、苏黎世、纽约和香港，即所谓世界四大黄金市场。区域性黄金市场主要有：巴黎、法兰克福、布鲁塞尔、卢森堡、贝鲁特、新加坡、东京等地的黄金市场。

4. 个人投资黄金品种

1）标金。标金是标准条金的简称，是黄金市场为使场内买卖交易行为规范化、计价结算国际化、清算交收标准化而要求进场的交易标准物，必须按规定的形状、规格、成色、重量等要素精炼加工成的条状金。

2）金币。金币是黄金铸币的简称，有广义和狭义之分。广义的金币是泛指所有在商品流通中专作货币使用的黄金铸件，如金锭、金元宝等。狭义的金币是指经过国家证明，以黄金作为货币的基材，按规定的成色和重量，浇铸成一定规格和形状，并标明其货币面值的铸金币。

3）金饰。金饰品也有广义和狭义之分。广义的金饰品是泛指不论黄金成色多少，只要含有黄金成分的装饰品，如金杯、奖牌等纪念品或工艺品均可列入金饰品的范畴。狭义的金饰品是专指以成色不低于 58.6%的黄金材料，通过加工而成的装饰物。

4）黄金账户。黄金账户是指商业银行为投资者提供的一种黄金投资方式。

5）纸黄金。纸黄金也叫黄金凭证，就是在黄金市场上买卖双方交易的标的物是一张黄金所有权的凭证而不是黄金实物，是一种权证交易方式。

6）黄金股票。黄金股票又称金矿公司股票，是指金矿公司向社会公开发行的上市或不上市的股票。

7）黄金基金。黄金基金是专门以黄金或黄金类衍生品种作为投资媒体，以获取投资收益的一种共同基金，黄金基金分为开发式基金或封闭式基金。

此外还有黄金理财账户、黄金保证金交易等。

黄金投资是一种永久的投资。几千年以来，黄金永远散发着它的光芒、魅力，并以其独有的特性——不变质、易流通、保值、投资、储值的功能作为人们资产保值的首选。

历史的变迁，国家权力的更替，货币币种的更换，都不影响黄金的内在价值。

在不确定的经济、政治环境下，许多投资者纷纷转向投资黄金，将它称为“没有国界的货币”，因此黄金成为在任何时候，任何环境下最重要，最具内在价值的资产。

小知识

认知黄金

黄金作为一种贵金属，有良好的物理特性，表现为：熔点高，达 1064.43℃。“真金不怕火炼”就是指一般火焰下黄金不容易熔化。黄金密度大，为 19.31 克/立方厘米（18℃时）。纯金具有艳丽的黄色，但掺入其他金属后颜色变化较大，如金铜合金呈暗红色，含银合金呈浅黄色或灰白色。金易被磨成粉状，这也是金在自然界中呈分散状的原因，纯金首饰也易被磨损而减少分量。

黄金按性质可分为“生金”和“熟金”两大类。生金又叫“原金”、“天然金”或“荒金”，是人们从矿山或河床边开采出来、未经提炼的黄金。凡经过提炼的黄金称为“熟金”。熟金中因加入其他元素而使其在色泽上出现变化，人们通常把被加入了金属银而没有其他金属的熟金称之为“清色金”，而把被掺入了银和其他金属的黄金称为“混色金”。K 金是混色金成色的一种表示方式，4.1666%黄金成分为 1K。黄金按 K 金成色高低可以表示为 24K、22K、20K 和 18K 等，24K 黄金的含金量 99.998%，基本视为纯金；22K 黄金含量为 91.665%。黄金成色还可以直接用含量百分比表示，通常是将黄金重量分成 1000 份的表示法，如金件上标注 9999 的为 99.99%，而标注为 586 的为 58.6%。

市场上的黄金制品成色标识有两种：一种是百分比，如 G999 等；另一种是 K 金，如 G24K、G22K 和 G14K 等。我国对黄金制品印记和标识有规定，一般要求有生产企业代号、材料名称、含量印记等，无印记为不合格产品，国际上也是如此，但对于一些特别细小的制品也允许不打标记。

> 建议
>
> 利用课余时间到银行或金店了解黄金的标识方法。

（资料来源：珠定论坛，2007 年 8 月 20 日）

练　习　题

一、单项选择题

1．现货市场是指交易双方成交后当天或（　　）以内进行交割的市场。

A．1 天　　B．2 天　　C．3 天　　D．4 天

2．证券回购协议的期限很短，通常为一个营业日，最长也只有（　　）。

A．1 个月　　B．2 个月　　C．3 个月　　D．6 个月

3．（　　）是指汇票付款人在汇票到期日支付汇票金额的一种票据行为。

A．贴现　　B．承兑　　C．转让　　D．拆借

4．拆借的利率叫“拆息”，由交易双方协商自定，通常低于（　　）的再贴现率

而高于银行的资金成本。

A．中央银行　　B．股份制商业银行　　C．企业　　D．金融市场

5．货币资金的流向主要是取决于（　　），一个企业的经营状况好、效益高、收益率高，投资者就愿意认购该企业发行的债券、股票。

A．中央银行　　B．资金的收益率　　C．企业经营策略　　D．国家方针政策

二、多项选择题

1．按金融交易的业务内容划分，金融市场可以分（　　）。

A．货币市场　　B．资本市场　　C．外汇市场　　D．黄金市场

2．按成交后是否立即交割分类，金融市场可分为（　　）。

A．货币市场　　B．现货市场　　C．外汇市场　　D．期货市场

3．大额可转让定期存款单市场主要特点有（　　）。

A．期限短，一般在一年以内　　B．面额固定，起点高

C．利率比同期限的定期存款高　　D．不记名，可自由转让

4．目前属于国际性的黄金市场主要有（　　）。

A．伦敦　　B．苏黎世　　C．纽约　　D．香港

5．流通市场又称次级市场或二级市场，主要是指已发行的（　　）等有价证券转让买卖的场所。

A．票据　　B．股票　　C．债券　　D．黄金

三、判断题

1．一般商品的交易价格是由商品价格所决定的，价值是价格的货币表现，而金融商品的价格表现为利息。（　　）

2．发行市场又称一级市场或初级市场，是票据、股票、债券等有价证券的最初发生场所。（　　）

3．资本市场是指融资期限在1年以内的短期资金交易市场。（　　）

4．黄金市场是指集中进行黄金买卖和金币兑换的交易场所。（　　）

5．资金借贷一般都需要以固定资产、土地、建筑物等作为担保品。（　　）

四、填空题

1．金融市场是__________借助__________进行各种货币交易活动的场所，是各种融资市场的总称。

2．金融市场的构成要素主要包括__________、__________、__________和__________。

3．金融市场交易的主体就是参与者，包括__________和__________。

4．金融市场的交易对象就是__________。

5．__________是金融市场最主要的功能。

第8章 股　票

学习目标

1. 理解并掌握股票的定义、特征和种类。
2. 理解并掌握股票市场的概念、种类、功能及作用。
3. 理解并掌握股票价格指数的概念和种类。
4. 掌握股票交易的方式及其所产生的费用。
5. 了解并掌握股票交易的程序。
6. 了解股票投资的收益、风险以及对风险的防范。
7. 了解股票投资基本分析及技术分析的主要内容和方法。

案例导入

董财经先生在家和太太聊天，太太说："我们单位人人都在买股票，好像都在赚钱，股市好像又热闹起来了。我们是不是也可以考虑拿出一些积蓄，买点股票来投资一下呢？"董先生说："可以啊，但我们还是多了解一下股票吧，上一轮是跟着别人买卖，凭运气赚的钱，这一次总不能再盲目投资了吧？"董太太觉得很有道理，于是两人开始寻找各种资料和书籍，来学习有关股票及其投资方面的知识。

8.1 股票与股票市场

8.1.1 股票

随着我国经济的快速发展，人们能够选择的投资渠道越来越多，其中证券投资就是一种重要的现代投资渠道。随着证券投资市场的快速发展，股票、债权等有价证券也渐渐走入人们的日常生活。到目前为止，我国股票市场开户数已经远远超过1亿。我们的主人公董财经先生就是其中之一，现在就让我们和他一起学习关于股票投资的一些基本常识吧。

1. 股票的概念、特征及作用

> **想一想** 什么是股票？人们为什么要投资股票呢？

（1）股票的概念

从世界上第一支股票诞生至今，已有400余年的历史，而我国第一支股票——"飞乐音响”发行到现在也只有几十年的时间。但随着经济体制改革步伐的加大，我国股票市场也不断地发展与完善，参与股票投资的投资者日益增多，股票投资已成为一种人们愿意承担其风险的理财手段，股票自然而然成为了人们关心的热门话题。那么，到底什么是股票？我们为什么要投资股票？我们又要怎样来投资股票呢？

股票是一种有价证券，是股份有限公司在筹集资本时向出资人公开或私下发行的、用以证明出资人股东身份和权利，并根据持有人所持有的股份数享有权益和承担义务的股份凭证。它表明股票的持有者对股份公司的部分资本拥有所有权。由于股票包含有经济利益，且可以上市流通转让，股票也是一种有价证券。

案例分析

新中国第一支股票——“飞乐音响”的故事

1984年11月18日，上海飞乐音响股份有限公司正式成立(人称小飞乐)。当天下午，《新民晚报》第一版刊登了此消息：上海飞乐音响公司18日开业接受个人和集体认购股票，发行1万股，每股50元(如图8.1所示)。

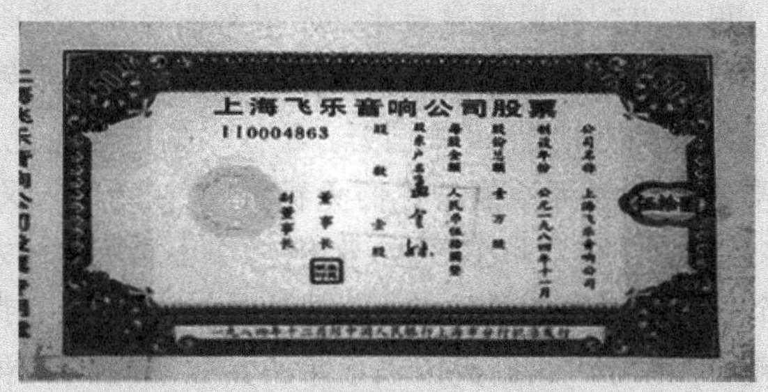

图8.1 中国首次发行的股票

当年12月，飞乐公司正式由上海静安证券营业部代理发行股票1万股，共计50万元。其中单位和个人的购买比例为各占50%。由于静安营业部场地小，所以发行工作安排在飞乐公司，发行人员背着钱箱、股票箱，当场收钱、开票，售股工作基本顺利。

飞乐股票发行后，创造了一个意想不到的世界奇迹。

1986年11月14日，美国纽约证券交易所的董事长约翰·范尔林先生访华。邓小平同志会见他时专门提到了中国也发行了股票。范尔林很高兴，随即向邓小平赠送了一枚纽约证券交易所的证章。按国际惯例和中国礼节，中国领导人也必须回赠一件礼物。经再三考虑后，决定赠送范尔林先生一张股票。

历史的奇迹在一个中国人和一个美国人的谈笑中产生。

当时中国人民银行行长陈慕华和副行长刘鸿儒紧急从各地调来了股票样张，挑来选去，决定用50元面值的飞乐股票作为回赠。于是邓小平同志正式将一张飞乐股票赠给这位国际友人，由当时的中国人民银行上海市分行的领导周芝石亲自交给了范尔林。

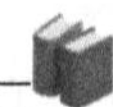

范尔林接过这张股票，又高兴又惊讶：高兴的是，中国改革开放才6年，居然有了股票，而且他是持有中国股票的第一个外国人；惊讶的是，这张股票的真名实姓不是他，而是周芝石的名字（笔者注：为股票真实、可靠，当时没有想到填范尔林的名字，而是填上了中国人民银行上海市分行副行长周芝石的名字，这也说明当时大多数人不懂股票所有权这一基本属性）。这位股票专家立即看出破绽说："周芝石是谁？我是范尔林啊！"当向他解释了为保证股票有效而印上周芝石的名字后，他说："我的股票就要用我的名字，我亲自去上海更名过户。"范先生这一认真的举措，弄得在场人员有些失态。

11月23日，范尔林一行抵上海，决定明天就去办过户手续。范尔林随行人员提出要警车开道，而上海方面觉得很为难。按规定，国家首脑才能用警车，但范尔林在美国经济界也是顶尖人物，有经济界里根之称。怎么办？

最后上海警方提出范先生可否自费2000美元租借警车开道，范尔林随行人员OK同意。

于是11月24日下午1点，由中国人民银行上海市分行行长李祥瑞（已经逝世）陪同，范尔林走进了中国首家证券交易部静安证券营业部，与负责人黄贵显开始对话。

他很郑重地将"周芝石"的股票递过去，希望给他过户，并幽默地说："该收多少手续费，别客气！"在场的人都笑了。为了表示友好，营业部免收了1元过户费。范尔林连声道谢，同时又幽默地说："中国好，不像我们美国人光认钱。不过今后你们要买美国股票，要过户，我可不能给你们免费啊！"在场的人又是轰然大笑。

过户之后，范尔林观看了这不足10平方米、连一个上厕所的地方都没有的营业厅。工作人员看这个高个子美国人都转不开身，于是解释："对不起，我们这儿太小了。"

谁知范尔林说道："很好，我们美国人最早买卖股票时都在梧桐树下，连10平方米房子都没有。不过梧桐树下也好，地方大，凉快。"

范先生的幽默，又引来一片笑声。

临走范尔林和工作人员合影留念。整个参观、过户活动不到一小时，但这是一次奇迹。现在，这枚范尔林先生的"原始股"已永久陈列在纽约证券交易所的橱窗内。飞乐股份公司的"原始老外"股东范尔林先生，也永久地载入飞乐公司的花名册中。

历史的奇迹往往就是在这平凡不经意中创造的。

范尔林的这一股，通过多年的送配，一股变成了3183股，市值由50元变成最高时的10.76万元，回报率高达2152倍！

（2）股票的特征

股票本身是一种虚拟的资本，它最初是以一张纸的形式出现，而在如今无纸化交易的时代甚至连纸也不用，取而代之的只是保存在电脑里的数据。虽然纸或数据本身不具有价值，但由于股票的所有者可以凭以每年从股份公司获得股利，就使

> 讨论
>
> "飞乐音响"股票的故事给我们带来了什么启示？

它们具有了价值。这也就要求股票具有以下基本特征。

1）不可偿还性。股票是一种无偿还期限的有价证券，投资者认购了股票后，只要公司存在，就不能再要求退股，只能到股票交易市场去卖给第三者。而这种转让只是公司股东的人数或名称有改变，公司资本是不会发生改变的。从期限上来看，股票的期限大多数等于公司存在的期限。

2）参与性。股票的参与性在于持股股东有权出席股东大会，选举公司董事会，参与公司重大决策。而且股东参与公司决策权力的大小受其持有股数多少的影响。所以，对于小股民来说，通常意义上参与性的意义比较小，甚至相当于没有。但对大股东来说，只要其持股数达到左右决策结果所需的实际数时，就能掌握公司的决策控制权。

3）收益性。股票的收益性主要表现在两个方面：一是股东凭自己所持有的公司股票，有权从公司领取相应的股息或红利，即获取投资的收益。股息或红利的大小，主要取决于公司的盈利水平和公司的盈利分配政策；二是股票投资者可以通过低价买入和高价卖出股票，获得股票价差收入，从而赚取价差收益或实现资产保值增值。

4）流通性。股票的流通性即指股票可以在不同的投资者之间进行转让交易。股票的流通使投资者能在市场上顺利卖出所持有的股票，换取现金，增加了人们投资股票的兴趣。

5）价格波动性和风险性。股票虽然是一种虚拟资本，但它的收益性赋予了股票价值，使得它同商品一样，有自己的市场行情和市场价格，而且由于股票价格受到诸如国家宏观经济环境、公司经营状况、供求关系、银行利率、突发事件等多种因素的影响，因此股票价格波动的不确定性比起其他实物商品更为剧烈，尤其是突发事件发生时，股价可能出现暴跌，这将使股票投资者遭受较大损失。因此，价格波动的不确定性越大，投资风险也就越大。

案例分析

9·11美国及拉美主要股市全线暴跌

由于美国世贸中心和五角大厦遭到恐怖份子袭击，美国纽约证交所、那斯达克市场、芝加哥期货交易所和芝加哥商品交易所等各大证券交易所均停止交易。美国股市宣布停市，但在拉美金融市场11日在恐慌中陷入剧烈震荡，各主要股市当天开盘后全线暴跌，并先后宣布暂停交易。

拉美最大的证券交易所巴西圣保罗股市11日开盘后就一路狂跌，主要股指博维斯帕指数从10日收盘的11922点狂跌至10937点，跌幅高达7.9%；墨西哥股市当日开盘后股指一路下滑，在上午的交易中墨西哥证券市场的IPC指数滑落至5531.02点，跌幅达5.6%，墨西哥股市随即宣布中止交易。拉美另一大证券市场阿根廷股市今天开盘后就急挫了4.29%，布宜诺斯艾利斯股市的梅尔瓦指数在下跌了5.2%后也停止了交易。此外，智利、哥伦比亚、秘鲁和委内瑞拉的股市当天也出现不同程度的下降。不久，拉美股市也全部停盘。

（资料来源：金融界网站 2001-09-12 09:31 报道）

（3）股票的作用

> 讨论 以上案例主要说明了股票的什么特征？

股票对于发行者和投资者来说具有不同的作用。

首先，对于发行者来说，股票的作用主要体现在以下四点：

1）股票是筹集资金的有效手段。筹集资金是股票最原始的作用。通过发行股票，股份公司可在短时间内广泛地吸引社会暂时闲置的资金，将其集中成为巨大的生产资本。而股票所具有的不可偿还性又使得短期资金成为企业可持续使用的长期资金。所以通过发行股票的方式来筹集企业发展所需的资金成为世界各国企业的最主要手段。

2）通过发行股票来分散投资风险。无论是哪一类企业，总会有经营风险存在，为了规避一些难以预料的风险，企业的发起者们总会想方设法地将风险转嫁或分摊与他人，而通过发行股票来组成股份公司就是分散投资风险的一个好方法。即使投资失败，各个股东所承受的损失也相对有限。

3）通过发行股票来实现创业资本的增值。股票的发行价总是和企业的经营业绩等有着紧密的联系。如果一家企业业绩优良，那么他在发行股票时，其发行价往往要高出其每股净资产很多，而股票的溢价发行又使股份公司发起人的创业资本得到增值。

溢价发行是指发行人按高于票面面额的价格发行股票，因此可使公司用较少的股份筹集到较多的资金，同时还可降低筹资成本。

4）通过股票的发行上市起到广告宣传作用。由于有众多的社会公众参与股票投资，股市就成为舆论宣传的一个热点，各种媒介每天都在反复传播股市信息，无形之中就提高了上市公司的知名度，起到了广告宣传作用。

> 想一想 请同学们根据以上小知识思考，平价发行和折价发行是什么意思呢？影响股票发行价格的因素主要有哪些？

其次，对于股票的购买者来说，股票的作用有以下三点：

1）股票的收益性使得股票投资成为大众投资的一种重要工具。通过各种途径使得自己手中持有的货币增值是人们的愿望，股票的出现使得人们即使不去存银行、办企业，而仅仅通过买卖股票也能取得收益，实现资本的增值。

2）通过购买股票来实现兼并控股公司的目的。通过购买股票，投资者可非常方便地实现参股投资或控股及兼并股份公司的目的，从而实现生产要素的组合，以提高企业的经营效益。

如美国和日本的大型企业，通过购买我国江西的江铃汽车股票、北京的北旅汽车股票来参与这两家上市公司的经营管理，将西方先进的技术和管理方式引进这两家企业，从而实现生产要素的组合，达到提高经营效益的目的。

3）通过购买股票进行投机。由于受众多因素的影响，股票价格具有较强的波动性，因而人们可通过股票来进行投机活动，从买进卖出中赚取股票的价差，这也是股票市场吸引众多投资者的原因之一。而又由于股票价格特别是其短期趋势较难预测，股民投资股市时并不作基本的分析研究，即使进行详细的分析也不一定能把握胜机，所以许多股民往往都抱着一赌而决胜负的心理进行股票投机。

2. 股票的种类

关于股票的分类方法和标准有很多，由此股票也被分成了很多种类。

（1）根据股东所享有的权益不同分为普通股和优先股

普通股是指股东在公司的经营管理及盈利和财产分配上，享有普通权利的股份，代表满足所有债权偿付要求及优先股东的收益权和求偿权要求后，对企业盈利和剩余财产的索取权。它是股份公司资本构成中最普通、最基本的股份，是股份企业资金的基础部分。

由于普通股的投资收益（股息和分红）没有事先约定，而是事后根据公司的经营业绩来确定。当公司的经营业绩好，普通股的收益就高；反之，普通股的收益就低，所以普通股是风险最大的一种股份。目前，在中国上交所与深交所上市的股票都是普通股。

优先股是公司在筹集资金时，发行的在分配红利和剩余财产时比普通股具有优先权的股份。优先股也是一种没有期限的所有权凭证，优先股股东一般不能在中途向公司要求退股（少数可赎回的优先股例外）。优先股主要有两个特点：一是优先股通常预先定明股息收益率。由于优先股股息率事先固定，所以优先股的股息一般不会根据公司经营情况而增减，而且一般也不能参与公司的分红，但优先股可以先于普通股获得股息，对公司来说，由于股息固定，它不影响公司的利润分配。二是优先股的权利范围小。优先股股东一般没有选举权和被选举权，对股份公司的重大经营无投票权，但在某些情况下可以享有投票权。

（2）根据股票的上市地点和所面对的投资者，股票可分为A股、B股、H股、N股和S股

1）A股的正式名称是人民币普通股票。它是由我国境内的公司发行，供境内机构、组织或个人（不含台、港、澳投资者）以人民币认购和交易的普通股股票。截至2010年底，我国已发行上市的A股股票超过2000只。

2）B股的正式名称是人民币特种股票。它是以人民币标明面值，以外币认购和买卖，在境内（上海、深圳）证券交易所上市交易的。自2001年2月19日，中国证监会宣布对内开放B股市场，准许持有合法外汇的境内居民自由买卖B股，B股市场已经成为真正开放的市场。另外，需加以注意的是，沪市挂牌B股以美元计价，而深市B股以港元计价。

3）H股，即注册地在内地、上市地在香港的外资股。香港的英文是Hong Kong，取其字首，在香港上市外资股就叫做H股。依次类推，纽约的第一个英文字母是N，新加坡的第一个英文字母是S，在纽约和新加坡上市的股票分别叫做N股和S股。

（3）蓝筹股与红筹股

蓝筹股指那些在其所属行业内占有重要支配性地位、业绩优良、成交活跃、红利优厚的大公司股票。蓝筹股并非一成不变，随着公司经营状况的改变及经济地位的升降，蓝筹股的排名也会变更。

红筹股是香港股市特有名词，指具有中资背景的公司发行的股票，如上海实业，北京控股这些公司由内地企业在香港注册再上市，或通过收购原有上市公司，以控股方式上市。红筹股是中国内地企业进入国际资本市场的一条重要渠道，对香港股市也有积极的影响。

（4）我国股票的分类

由于我国股市起步较晚，我国对股票的分类和国外有所不同。在上市公司的股票中，一般可将其分为流通股及非流通股两大类。流通股股票是指在上海证券交易所、深圳证券交易所及北京两个法人股系统STAQ、NET上流通的股票。非流通股股票主要是指上市公司股票中暂时不能上市流通的国家股和法人股，其中国家股是在股份公司改制时由国有资产折成的股份，而法人股一部分是成立股份公司之初由公司的发起人出资认购的股份，另一部分是在股份有限公司向社会公开募集股份时专门向其他法人机构募集而成的。

3. 股票的价格

股票价格又叫股票行市，是指股票在证券市场上买卖的价格。股票本身是没有价值的，但因为它可能给持股人带来一定的经济利益，所以股票可以当做商品来买卖，它也就具有了一定的价格。股票价格有市场价格和理论价格之分。

（1）股票的市场价格

股票的市场价格是指股票在股票市场上买卖的价格。股票市场可分为发行市场和流通市场，因而，股票的市场价格也就有发行价格和流通价格的区分。股票的发行价格就是发行公司与证券承销商议定的价格。股票发行通常以溢价发行、平价发行和折价发行等方式进行。

股票在流通市场上的价格，才是完全意义上的股票的市场价格，一般称为股票市价或股票行市。股票市价表现为开盘价、收盘价、最高价、最低价等形式。其中收盘价最重要，是分析股市行情时采用的基本数据。

（2）股票的理论价格

股票代表的是持有者的股东权。这种股东权的直接经济利益，表现为股息、红利收入。股票的理论价格，就是为获得这种股息、红利收入的请求权而付出的代价，是股息资本化的表现。

（3）理论价格与市场价格的关系

股票的理论价格不等于股票的市场价格，两者甚至有相当大的差距。但是，股票的理论价格为预测股票市场价格的变动趋势提供了重要的依据，也是股票市场价格形成的一个基础性因素。

8.1.2 股票市场

1. 股票市场的概念和种类

股票市场是股票发行和交易的场所。在这个市场上，股份公司通过面向社会发行股票，迅速集中大量资金，实现生产的规模经营；而社会上分散的资金盈余者本着“利益共享、风险共担”的原则投资股份公司，以此谋求财富的增值。股票市场一般分为股票发行市场和股票交易市场两个既有区别又有联系的部分。

（1）股票发行市场

股票发行市场又称一级市场或初级市场。股票发行是发行公司自己或通过证券承销商（信托投资公司或证券公司）向投资者推销新发行股票的活动。股票发行大多无固定的场所，而是在证券商品柜台上或通过交易网络进行。股票发行的目的：一是为新设立的公司筹措资金；二是为已有的公司扩充资本。发行方式有两种：①由新建企业自己发行，或要求投资公司、信托公司以及其他承销商给予适当协助；②由证券承销商承包发售。两种方式各有利弊，前者发行费用较低，但筹资时间较长。后者筹资时间较短，但费用较高，需要付给投资公司、信托公司或承销商一定的手续费。

（2）股票交易市场

股票交易市场又称二级市场或流通市场，包括证券交易所市场和场外交易市场。

证券交易所是专门经营股票、债券交易的有组织的市场，是股票流通市场的最重要的组成部分，根据规定只有交易所的会员、经纪人、证券商才有资格进入交易大厅从事交易。进入交易所交易的股票必须是在证券交易所登记并获准上市的股票。

场外交易市场又称为证券商柜台市场或店头市场，其主要交易对象是未在交易所上市的股票。店头市场股票行市价格由交易双方协商决定。店头市场都有固定的场所，一般只做即期交易，不做期货交易。

2. 股票市场的功能

在市场经济社会中，股票市场通常具有以下四个方面的职能：

1）积聚资本。上市公司通过股票市场发行股票来为公司筹集资本，这是股票最主要的职能之一。上市公司通过股票的发行，资本就从投资者手中流入上市公司。

2）转让资本。由于股票具有不返还性的特征，如果不能提供一个有效的场所，让股票可以顺利地流通转让，就会使人们不愿意购买股票。股民可以随时在股票市场将持有的股票按比较公平与合理的价格将股票兑现，使死钱变为活钱，从而使股票的发行得以延续。

3）转化资本。通过发行股票，在股票买卖者之间架起了一座桥梁，使得原来闲散在人们手中的用于消费的货币资金集聚到上市公司，转化为生产资本，促进了企业的经济发展。

4）形成股票的价格。虽然股票本身是没有价值的，但它给股民带来收益的可能，使得股票也像商品那样可以在市场上流通，所以股票也就有了价格。在股票市场上，股票价格的多少与其票面价值并不一定等同，它是由股票的预期收益、市场利息率以及供求关系等多种因素决定的，股票价格有可能高于其票面金额，也有可能低于其票面金额。

8.1.3 股票价格指数

1. 股票价格指数的概念

股票价格指数就是用以反映整个股票市场上各种股票市场价格的总体水平及其变动情况的指标，简称为股票指数。

由于上市股票种类繁多，计算全部上市股票的价格平均数或指数的工作是艰巨而复杂的，因此人们常常从上市股票中选择若干种富有代表性的样本股票，并计算这些样本股票的价格平均数或指数，用以表示整个市场的股票价格总趋势及涨跌幅度。

2. 世界著名的股票价格指数

世界上较为重要的股票价格指数共有六种。

1）道·琼斯股票价格指数。道·琼斯股票价格指数是国际上最有影响，使用最广泛的股票价格指数。它有一百多年的历史，从编制到今天从未间断。现今的道·琼斯股票价格指数发表在《华尔街日报》上，共分四组：工业股票价格指数、运输业股票价格指数、公用事业股票价格指数和综合股票价格指数。其中，使用最多是工业股票价格指数。道·琼斯股票价格指数是以1928年10月1日为基期的，基期平均数为100。道·琼斯指数在纽约证券交易所营业时，每隔半小时公布一次。

2）标准·普尔股票价格综合指数。标准·普尔公司是美国最大的一家证券研究机构，它于1923年开始编制。

3）纽约证券交易所的股票综合指数。纽约证券交易所从1960年开始编制和发表自己的股票价格综合指数。

4）伦敦金融时报股票价格指数。该指数由英国金融界著名报纸《金融财报》编制。它包括三个股票指数：30种股票的指数，100种股票的指数和500种股票的指数。以1935年为基期，每小时计算1次、下午五时计算1次收盘指数。

5）日本经济新闻道式股票指数。第二次世界大战后不久，日本东京证券交易所开始模仿美国道·琼斯股票指数编制自己的股票价格指数。1975年，日本经济新闻社正式向道·琼斯公司买进商标，将它编制的股票价格指数定名为“日本道式平均股票价格”。

6）香港恒生指数。恒生指数是香港恒生银行1969年开始发表的。该指数以选定的33种有代表性的股票为计算对象，以1964年7月31日为基期，该指数每天计算3次。

3. 我国大陆的股票价格指数

我国大陆主要的股票价格指数。

1）上证综合指数。上海证券交易所从1991年7月15日起编制并公布上海证券交易所股价指数，它以1990年12月19日为基期，以全部上市股票为样本，以股票发行量为权数，按加权平均法计算。

2）深证综合指数。深圳证券交易所综合指数包括深证综合指数、深证 A 股指数和深证B股指数。它们分别以在深圳证券交易所上市的全部股票、全部A股、全部B股为样本股，以1991年4月2日为综合指数和A股指数的基期，以1992年2月28日为B股指数的基期，基期指数定为 100，以指数股计算日股份数为权数进行加权平均计算。当有新股票上市时，在其上市后第二天纳入指数计算。

3）上证30指数。上证30指数是由上海证券交易所编制，以在上海证券交易所上市的所有 A 股股票中选取最具有市场代表性的 30 种样本股票为计算对象，并以流通股数为权数的加权综合股价指数。以1996年1月至3月的平均流通市值为指数的基数，基期指数定为1000点。

4）深证成分股指数。深证成分股指数是有深圳证券交易所编制，通过对所有在深圳证券交易所上市的公司进行考察，按一定标准选出 40 家有代表性的上市公司作为成分股，以成分股的可流通股数为权数，采用加权平均法编制而成。成分指数以1994年7月20日为基期，基期指数为1000点。

8.2 股票交易

8.2.1 股票交易概述

股票交易主要是指股票投资者之间按照市场价格对已发行上市的股票所进行的买卖。股票公开转让的场所主要是证券交易所。我国目前仅有两家证券交易所，即上海证券交易所和深圳证券交易所。

1. 股票委托交易的方式

股票委托交易方式的划分是多种多样的。在我国，根据委托人委托形式的不同，委托方式主要分为当面委托、电话委托、电传委托、传真委托、信函委托和远程终端委托等几种，其中远程终端委托是目前各国普遍使用的一种委托方式。

另外，以委托人委托的价格条件可划分为随市委托和限价委托；以委托人委托的期限可划分当日委托、五日有效委托等；以委托性质划分可分为买进委托或卖出委托；以委托数量为标准划分为整数委托与零数委托两种。

整数委托是指委托买卖证券的数量为一个交易单位（如100股、1000股等）或交易单位的整倍数。零数委托是指投资者委托证券经纪商买卖证券时，买进或卖出的证券不足交易所规定的一个交易单位。按现行规定：1股至99股均为零数委托。

2. 股票交易的费用

目前，投资者在我国上海证券交所和深圳证券交所交易挂牌上市的A股和B股时，需交纳的各项费用主要有：印花税、佣金、过户费、

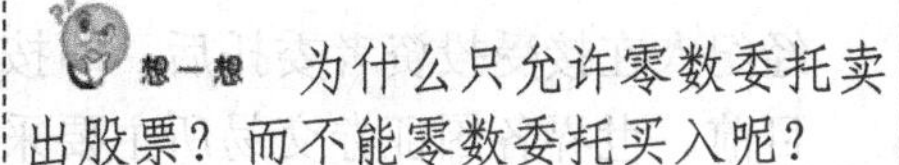

为什么只允许零数委托卖出股票？而不能零数委托买入呢？

交易手续费及结算费等，如表 8.1 所示。

表 8.1　股票交易费用

收费项目	深圳 A 股	上海 A 股	深圳 B 股	上海 B 股
印花税	1‰	1‰	1‰	1‰
佣金	小于或等于 3‰ 起点：5 元	小于或等于 3‰ 起点：5 元	3‰	3‰ 起点： 1 美元
过户费	无	1‰（按股数计算，起点：1 元）	无	无
交易手续费	无	5 元（按每笔收费）	无	无
结算费	无	无	0.5‰ （上限 500 港元）	0.5‰

8.2.2　股票交易的程序

证券买卖的交易程序一般包括开户、委托、竞价成交、清算交割、过户等步骤。

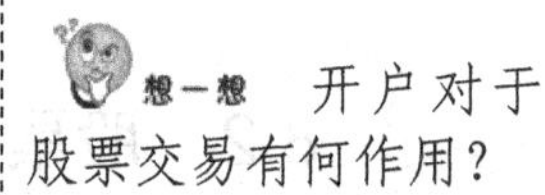

想一想　开户对于股票交易有何作用？

1. 开户

投资者在买卖证券之前，要到证券经纪人处开立户头。开户之后，才有资格委托经纪人代为买卖证券，并且开户时要同时开设证券账户和资金账户。

（1）证券账户

证券账户是证券登记机关为投资者设立的，用于准确登记投资者所持的证券种类、名称、数量及相应权益变动情况的一种账册。我国证券账户分为个人账户和法人账户两种。证券账户全国通用，投资者可以在开通上海或深圳证券交易业务的任何一家证券营业部委托交易，但若投资者投资于上海和深圳股市，需分别在上交所和深交所开设账户。

（2）资金账户

资金账户是投资者在证券商处开设的资金专用账户，用于存放投资者买入证券所需资金或卖出证券取得的资金，记录证券交易资金的币种、余额和变动情况。资金账户类似于银行的活期存折，投资者可以随时提取存款，也可以获得活期存款的利息。

2. 委托

投资者买卖证券必须通过证券交易所的会员进行。投资者委托证券经纪人买卖某种证券时，要签订委托契约书，填写年龄、职业、身份证号码、通信地址、电话号码等基本情况。委托书还要明确，买卖何种股票、何种价格、买卖数量、时间等，最后签名盖章方能生效。但在电子化交易方式下，有些程序将自动生成，投资者只要确认即可。

3. 竞价与成交

经纪人在接受投资者委托后，即按投资者指令进行申报竞价，然后成交。

目前，世界各国证券交易所主要采用电脑终端申报竞价的方式，即由证券公司交易员在电脑终端机上将买卖报价输入到交易所的电脑主机，然后由电脑主机配对成交。

那么成交价是如何决定的？决定成交价的原则什么？

目前在世界所有证券市场，成交价的决定基本上按价格的形成是否连续分为连续竞价和集合竞价两种。所谓集合竞价是将数笔委托报价或一时段内的全部委托报价集中在一起，根据不高于申买价和不低于申卖价的原则产生一个成交价格，且在这个价格下成交的股票数量最大，并将这个价格作为全部成交委托的交易价格。我国上海证券交易所和深圳证券交易所的竞价是一致的。[9：15～9：25（开盘集合竞价时间）14：57～15：00（收盘集合竞价时间）]。所谓连续竞价是在买入的最高价与卖出的最低价委托中按“价格优先，时间优先”的顺序一对一对地撮合成交。

4. 清算与交割

证券的清算与交割是一笔证券交易达成后的后续处理，是价款结算和证券交收的过程，清算和交割统称证券的结算。结算是证券交易中的关键一环，它关系到买卖达成后交易双方责权利的了结，直接影响到交易的顺利进行，是市场交易持续进行的基础和保证。我国目前证券结算对A股实行T+1交收，对B股实行T+3交收。

5. 过户

我国证券交易所的股票已实行所谓的“无纸化交易”，对于交易过户而言，结算的完成即实现了过户，所有的过户手续都由交易所的电脑自动过户系统一次完成，无需投资者另外办理过户手续。

8.2.3 股票投资的收益和风险

1. 股票投资收益概述

投资人投资股票的收益主要由“收入收益”和“资本利得”两部分构成的。

（1）收入收益

收入收益是指股票投资者以股东身份，按照持股的份额，在公司盈利分配中得到的股息和红利的收益。

小知识

什么叫除权除息？

上市公司在经营过程中会向其股东派发红利、股息以及进行配股。分红派息的主要形式有现金股利和股票股利两种；而配股是指股份公司对老股东按一定比例配售公司新发行的股票，是公司的一种再筹资方式。除权是指除去股票中领取股票股息和取得配股权的权利，除息是指除去股票中领取现金股息的权利。

除权或除息价是在股权登记这一天收盘价基础上产生的，计算办法具体如下。

除息价＝股权登记日收盘价－每股所派现金

除权价计算分为送股除权和配股除权。

送股除权计算办法为

送股除权价＝股权登记日收盘价÷（1＋送股比例）

配股除权价计算方法为

配股除权价＝（股权登记日收盘价＋配股价×配股比例）÷（1＋配股比例）

有分红、派息、配股的除权价计算方法为

除权价＝（收盘价＋配股比例×配股价－每股所派现金）÷（1＋送股比例＋配股比例）

（2）资本利得

资本利得是指投资者在股票价格的变化中所得到的收益，即将股票低价买进，高价卖出所得到的差价收益。

2. 股票投资风险

股票市场受到许多不确定因素的影响，许多意想不到的事情会影响股市价格的波动，因而可能给投资者带来损失或收益，这样也就产生了股票投资的风险。现代投资学认为，造成股价波动有两大原因：一是与整个股市有关的系统风险；二是与企业有关的非系统风险。

（1）系统风险

系统风险又称市场风险或不可分散风险，是整个股票市场本身所固有的风险。它是指由于某种因素使股票市场上所有的股票都出现价格变动的现象，它在不同程度上影响所有股票的收益。它的诱因发生在企业外部，上市公司本身无法控制它，其带来的影响面一般都比较大。例如某项经济政策的变化、有关法规的颁布等均属此列。

（2）非系统风险

非系统风险又称非市场风险或可分散风险，是指某一企业或行业特有的那部分风险，它仅仅影响个别股票的收益，从而给有价证券持有人带来损失的可能性。例如，产品市场占有率、管理水平、科研成就、技术开发、竞争对手及成本费用等。

一般来说，系统风险对投资者来说是无法通过技术操作来避免的风险，而非系统风险则可以通过科学合理的投资组合得以规避。

8.3 股票投资分析

8.3.1 股票投资基本分析

如前所述，股票在市场上的交易价格及其波动会受到各方面因素的干扰，如经济、政治、投资者心理以及交易技术等的影响。但总地来说，影响股票价格及其波动的因素，主要可以归纳为两大类：一个是基本因素；另一个是技术因素。长期以来，人们从这两个方面对股价进行分析和预测，就形成了基本分析方法和技术分析方法。在这里，让我们先简单探讨一下股价的基本分析方法。

1. 基本分析的概念及要点

基本分析又称为基本面分析，是指证券投资分析人员根据经济学、金融学、财务管理学及投资学的基本原理，通过对决定证券投资价值及价格的基本要素如宏观经济指标、经济政策走势、行业发展状况、产品市场状况、公司销售和财务状况等的分析，评估证券的投资价值，判断证券的合理价位，从而提出相应的投资建议的一种分析方法。

基本分析主要包括宏观因素分析、行业分析和公司分析三个方面的内容。它是准备做长线交易的股民以及“业余”股民所应采取的最主要、也是最重要的分析方法。

2. 宏观因素分析

（1）宏观经济运行分析

宏观经济运行对证券市场的影响途径主要有：利率、通货膨胀率、GDP 的增长率以及汇率变动等。通常情况下，利率、利率的变动与股票的价格变动成反比例关系；而适度的通货膨胀对股市是有利的，超过限度的通货膨胀就会使股票价格下跌。

央行再次上调存款准备金率 0.5 个百分点

中国人民银行决定，从 2011 年 1 月 20 日起，上调存款类金融机构人民币存款准备金率 0.5 个百分点。证券界人士就此发表了对市场影响的看法。

昨日上证指数报收 2791.34 点，跌 36.37 点，跌幅 1.29%，成交 916.3 亿元；深成指报收 12294.2 点，跌 129.17 点，跌幅 1.04%。

从盘面上看两市共有 299 只个股上涨，1644 只个股下跌，涨跌比为 1:5.5，个股呈现普跌局面。非 ST 类涨停个股 5 家，其中受益业绩预增和重组等突发利好刺激而涨停的个股占到其中 4 家；反观跌幅榜，跌停个股同样为 5 家，成交极其清淡，整体盘面较弱。

（资料来源：中国网 china.com.cn　时间：2011-01-15）

（2）宏观经济政策分析

政府主要是通过不同的货币政策和财政政策来实行对经济的干预。

从财政政策来看，在扩张的财政政策下，政府应通过降低税率、减少税收、扩大减免税范围，扩大财政支出、增加财政补贴等方式来增加社会总需求，从而使公司业绩增长，人们收入增加，投资股市的需求增加，最终使得股票价格上扬；反之，若实行紧缩的财政政策，股票价格则会下降。

从货币政策看，央行主要通过“三大法宝”，即法定存款准备金率、再贴现政策和公开市场操作。选择适合的货币政策工具，达到通过调节货币供应量对证券市场产生影响，最终实现宏观经济政策的目标。

3. 行业分析

（1）行业分析的意义

宏观因素分析只是为证券投资提供了背景条件，但没有为投资者解决如何投资的问

题，如何对具体投资对象加以选择，还需要进行行业分析和公司分析。

（2）我国证券市场的行业划分

1）上证指数分类法。上海证券市场为编制新的沪市成分指数，将全部上市公司分为五类，即工业、商业、地产业、公用事业和综合类，并分别计算和公布各分类股价指数。

2）深证指数分类法。深圳证券市场也将在深市上市的全部公司分成六类，即工业、商业、金融业、地产业、公用事业和综合类，同时计算和公布各分类股价指数。

（3）行业的经济结构分析

行业的经济结构随该行业中企业的数量、产品的性质、价格的制定和其他一些因素的变化而变化。由于经济结构的不同，行业基本上可分为四种市场类型：完全竞争、不完全竞争或垄断竞争、寡头垄断、完全垄断。

（4）行业与经济周期分析

根据行业在经济周期中的表现，行业可分为增长性行业、周期性行业和防御性行业。

1）增长型行业。增长型行业的运动状态与经济活动总水平的周期及其振幅无关，以计算机等行业为代表，由于它们主要依靠技术的进步、新产品推出及更优质的服务，其收入增长的速率呈现出一种长期增长的形态。

2）周期型行业。周期型行业的运动状态直接与经济周期成正比例关系。当经济处于上升时期，这些行业会紧随其扩张；当经济衰退时，这些行业也相应衰落。如汽车、黄金等高消费品行业，就属于典型的周期性行业。

3）防御型行业。防御型行业的运动形态是：其产品的需求相对稳定，并不受经济周期处于衰退阶段的影响。因此，不论经济是增长还是衰退，防御型行业通常都会有实际增长。例如，食品业和公用事业属于防御型行业。

4. 公司分析

（1）公司竞争地位分析

欲投资的公司在本行业中的竞争地位是公司基本素质分析的首要内容，它主要包括以下几个方面。

1）技术水平。公司的技术水平是决定公司竞争地位的首要因素。对公司技术水平高低的评价可以分为评价技术硬件部分和软件部分两类。企业如拥有先进的机器设备、拥有较多的掌握技术的高级工程师、专业技术人员等，那么企业就能生产质优价廉、适销对路的产品，企业就会有很强的竞争能力。

2）市场开拓能力和市场占有率。公司的市场占有率是利润之源。效益好并能长期存在的公司市场占有率高，即市场份额必然是长期稳定并呈增长趋势的。不断地开拓进取挖掘现有市场潜力并不断进军新的市场，是扩大市场占有份额和提高市场占有率的主要手段。

3）项目储备及新产品开发。随着科学技术发展的日新月异，一个企业在新产品开发上的停滞，相对于其他前进的企业，就是后退。只有不断进行产品更新、技术改造的企业才能长期立于不败之地。

（2）公司的盈利能力及增长性分析

衡量公司现实的盈利能力，以及通过分析各种资料而对公司将来的盈利能力作出预测是投资者要掌握的一项重要方法。衡量公司盈利能力的指标有资产利润率、销售利润率及每股收益率，详见公司财务分析。

（3）公司经营管理能力分析

作为上市公司，公司各阶层人员管理水平的好坏也会对公司的股价产生影响，主要体现为公司决策层及高级管理层人员的公众形象、工作经验等方面。

1）企业经营效率分析。企业经营效率主要体现在产品的销售、生产原材料的供给、利润的获得等方面是否能够及时，这些需要靠精干的经济活动部门按时、按量、廉价采购回原材料或零部件，并把企业生产的产品及时地推销出去，打开国内外的市场，争取广大的消费者，得到尽可能高的利润。

2）内部调控机构效率分析。企业内部应当建立严格的管理制度，共同遵守办事程序和行为准则，这样可对该企业内部调控机构作出总体评价。

5. 财务分析

在股票市场中，股票发行企业的经营状况是决定其股价的长期的、重要的因素。而上市公司的经营状况，则通过财务报表反映出来。所以财务分析的对象是财务报表，财务报表主要包括资产负债表、现金流量表和利润及利润分配表。从这几种表中应着重分析以下四项主要内容：

1）公司的盈利能力。作为投资者，购买股票时，当然首先是考虑选择利润丰厚的公司进行投资。所以，公司的盈利能力成为投资者考虑的一个重要方面，他主要是考察公司的净资产收益率和市盈率等财务指标。

2）公司的偿债能力。分析偿债能力目的在于确保投资的安全。通过公司的流动比率、速动比率和资产负债率等几个指标来分析。

3）公司的经营效率。公司的经营效率主要是分析财务报表中存货周转率、应收账款周转率等的快慢，以检测股票发行公司各项资金的利用效果和经营效率。

8.3.2 股票投资技术分析

股票基本分析的目的是为了判断股票现行股价的价位是否合理并描绘出它长远的发展空间，而股票技术分析主要是预测短期内股价涨跌的趋势。股票技术分析是证券投资市场中非常普遍应用的一种分析方法。

1. 技术分析的概念及前提条件

（1）技术分析的概念

股票技术分析是以预测市场价格变化的未来趋势为目的，通过分析历史图表对市场价格的运动进行分析的一种方法。通过基本分析我们可以了解应购买何种股票，而技术分析则让我们把握具体购买的时机。

（2）技术分析的前提条件

股票技术分析建立在三个前提条件下，如果三个前提条件不存在的话，那么技术分析就没有任何意义。这三个前提分别是：第一，市场行为包含一切；第二，价格沿趋势移动；第三，历史会重演。

2. 道氏理论

理论起初来源于共同创立道琼斯公司的查尔斯·道和爱德华·琼斯。在他们去世后，由威廉·P.汉密尔顿、查尔斯·丽尔和 E.乔治·希弗总结出来。道氏他本身从未使用过“道氏理论”这个词。道氏理论断言，股票价格会随市场的趋势同向变化以反映市场趋势和状况。其变化表现为三种趋势：主要趋势、中期趋势及短期趋势。

1）主要趋势，又称长期趋势，它往往持续 1 年或以上，大部分股票将随大市上升或下跌，幅度一般超过 20%。长期趋势最为重要，也最容易被辨认、归类与了解。他是投资者主要的考量，对于投机者较为次要。

2）中期趋势，又称次要趋势、修正趋势，持续期通常在 3 星期到数月之间，幅度为基本趋势的三分之一至三分之二。中期趋势对于投资者较为次要，但却是投机者的主要考虑因素。

3）短期趋势，只反映股票价格的短期变化，持续时间不超过 6 天。短期趋势最难预测，唯有交易者才会随时考虑他。

3. K 线分析

K 线图（candlestick charts）又称蜡烛图、日本线、阴阳线、棒线等，常用说法是“K 线”，起源于日本 18 世纪德川幕府时代（1603～1867 年）的米市交易，用来计算米价每天的涨跌。因其标画方法具有独到之处，人们把它引入股票市场价格走势的分析中，经过 300 多年的发展，已经广泛应用于股票、期货、外汇，期权等证券市场。

1）K 线图的画法——日 K 线。日 K 线是根据股价一天走势中形成的四个价位即：开盘价，收盘价，最高价，最低价绘制而成的。收盘价高于开盘价时，则开盘价在下收盘价在上，二者之间的长方柱用红色或空心绘出，称之为阳线，如图 8.2 所示，其上影线的最高点为最高价，下影线的最低点为最低价。收盘价低于开盘价时，则开盘价在上收盘价在下，二者之间的长方柱用黑色或实心绘出，称之为阴线，如图 8.3 所示，其上影线的最高点为最高价，下影线的最低点为最低价。

2）根据 K 线的计算周期可将其分为日 K 线，周 K 线，月 K 线，年 K 线。

周 K 线是指以周一的开盘价，周五的收盘价，全周最高价和全周最低价来画的 K 线图。同理可以推得月 K 线和年 K 线定义。

周 K 线，月 K 线常用于研判中期行情。对于短线操作者来说，众多分析软件提供的 5 分钟 K 线、15 分钟 K 线、30 分钟 K 线和 60 分钟 K 线也具有重要的参考价值。

3）根据开盘价与收盘价的波动范围，可将 K 线分为极阴（跌停析）、极阳（涨停析），小阴、小阳，中阴、中阳和大阴、大阳等线型，如图 8.4 所示。

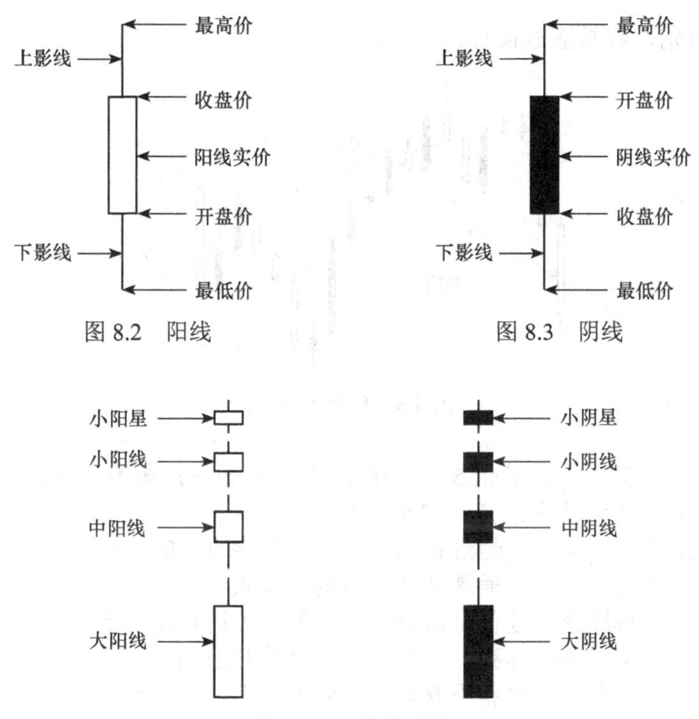

图 8.2 阳线

图 8.3 阴线

图 8.4 K 线线形图

小阴星和小阳星的波动范围通常在 0.5%左右；小阴线和小阳线的波动范围一般在 0.6%～1.5%；中阴线和中阳线的波动范围一般在 1.6%～3.5%；大阴线和大阳线的波动范围在 3.6%以上。

K 线图有直观、立体感强、携带信息量大的特点，蕴涵着丰富的东方哲学思想，能充分显示股价趋势的强弱、买卖双方力量平衡的变化，预测后市走向较准确，是各类传播媒介、电脑实时分析系统应用较多的技术分析手段。但是，单根 K 线只反映一天的供求双方力量之比，要更为准确地判断股价的未来走势，还必须将多根 K 线组合在一起，才能进行判断。

4. 移动平均线

移动平均线（如图 8.5）是以道·琼斯的“平均成本概念”为理论基础，采用统计学中“移动平均”的原理，将一段时期内的股票价格平均值连成曲线，用来显示股价的历史波动情况，进而反映股价指数未来发展趋势的技术分析方法。它是道氏理论的形象化的表述。

移动平均线常用线有 5 天、10 天、30 天、60 天、120 天和 240 天的指标。其中，5 天和 10 天的短期移动平均线，是短线炒作的参照指标，称做日均线指标；30 天和 60 天的是中期均线指标，称做季均线指标；120 天、240 天的是长期均线指标，称做年均线指标。对移动平均线的考查一般从以下几个方面进行。

移动平均线简单实用、易于掌握，很受投资人的喜爱。但同时，它也有缺点，主要是在股指、股价窄幅整理或庄家进行震荡洗盘时，短期移动平均线会过多出现买卖信号，这类信号不易辨别，容易造成误导。

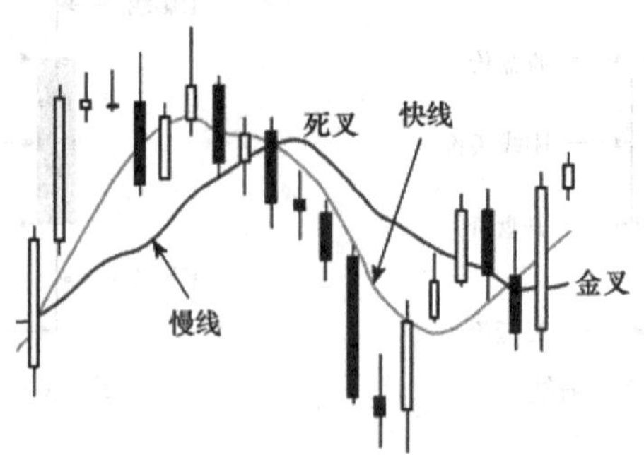

图 8.5　移动平均线

黄金交叉——在低位 5 日均线上穿 10 日均线产生的交叉点，叫黄金交叉，这通常就是较好的买入点，即进货点。

死亡交叉——5 日均线在高位从上向下穿 10 日均线，所得到的交叉点叫死亡交叉。死亡交叉出现时，通常是个较好的出货点。

多头排列——当股指或股价上涨时，移动平均线托着 K 线上升，也就是 K 线在均线的左上方，这现象叫多头排列，此时是投资者的持股期。

空头排列——当股价或股指下跌时，移动平均线由大到小自然排列，从 K 线的右上方压制 K 线向右下方行进，这种现象叫空头排列，此时是投资者的持币期。

5. 图形分析

股价在变动过程中，会形成很多种不同种类的图形，它们分别代表不同的含义，会给投资者提供不同的信息，下面我们看几种较为典型的图形。

（1）反转形态

反转形态指股价趋势逆转所形成的图形，亦即股价由涨势转为跌势，或由跌势转为涨势的信号。

1）头肩顶。头肩顶走势，可以划分为以下不同的部分：左肩部分、头部和右肩部分，如图 8.6 所示。这是一个长期性趋势的转向型态，通常会在牛市的尽头出现。

简单来说，头肩顶的形状呈现三个明显的高峰，其中位于中间的一个高峰较其他两个高峰的高点略高。至于成交量方面，则出现梯级型的下降。

2）头肩底。头肩底又称为“倒转头肩式”，如图 8.7 所示。

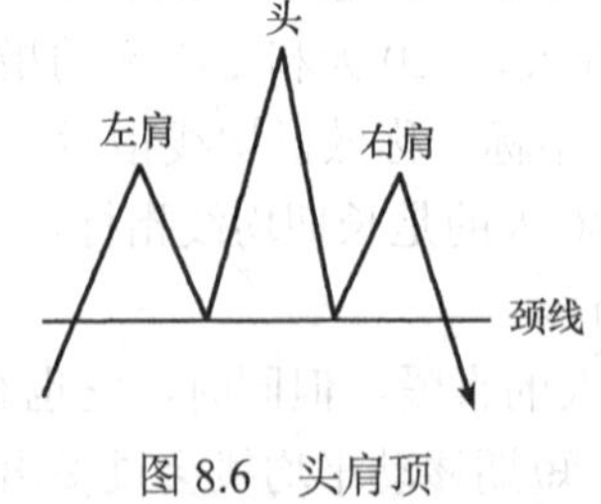

图 8.6　头肩顶

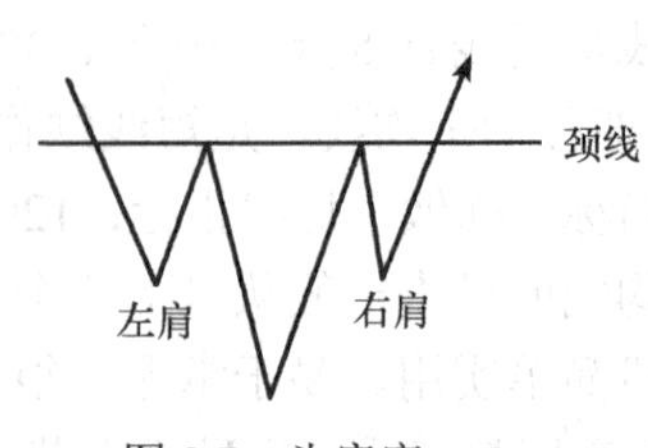

图 8.7　头肩底

（2）整理型态

整理形态是指股价经过一段时间的上升或下降后，停下来进入休整阶段，在消化获利卖出的筹码或抢反弹买入后，继续沿着原来的股价走势的大方向涨跌。

1）对称三角形。对称三角形由一系列的价格变动所组成，其变动幅度逐渐缩小，亦就是说每次变动的最高价，低于前次的水准，而最低价比前次水准高，呈一压缩图形，如从横的方向看股价变动领域，其上限为向下斜线，下限为向上倾线，把短期高点和低点，分别以直线连接起来，就可以形成一相当对称的三角形。对称三角形成交量，因愈来愈小幅度的股价变动而递减，然后当股价突然跳出三角形时，成交量随之变大，如图 8.8 所示。

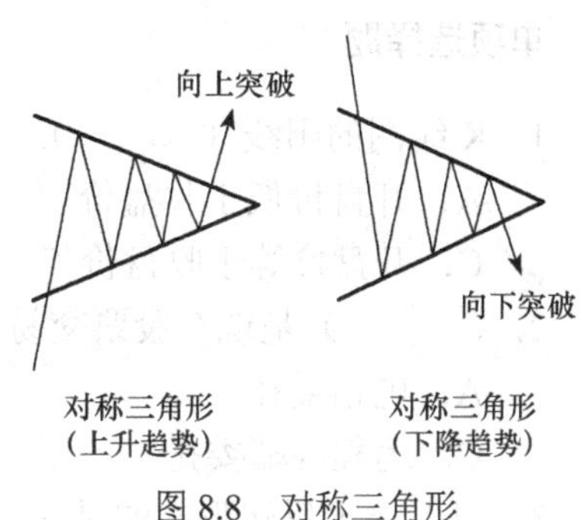

图 8.8 对称三角形

一般情形之下，对称三角形是属于整理型态，即股价会继续原来的趋势移动。只有在股价朝其中一方明显突破后，才可以采取相应的买卖行动。如果股价往上冲破阻力（必须得到大成交量的配合），就是一个短期买入信号；反之若是往下跌破（在低成交量之下跌破），便是一个短期沽出信号。

2）上升三角形和下降三角形。股价在某水平呈现相当强大的卖压，价格从低点回升到水平便告回落，但市场的购买力十分强，股价未回至上次低点即告弹升，这情形持续使股价随着一条阻力水平线波动日渐收窄。我们若把每一个短期波动高点连接起来，可画出一条水平阻力线，而每一个短期波动低点则可相连出另一条向上倾斜的线，这就是上升三角形，成交量在型态形成的过程中不断减少。

下降三角形的形状和上升三角形恰好相反，股价在某特定的水平出现稳定的购买力，因此价格回落至该水平便告回升，形成一条水平的需求线。可是市场的沽售力量却不断加强，股价每一次波动的高点都较前次为低，于是形成一条下倾斜的供给线。成交量在完成整个型态的过程中，一直是十分低沉。

上升三角形和下降三角形的表示如图 8.9 所示。

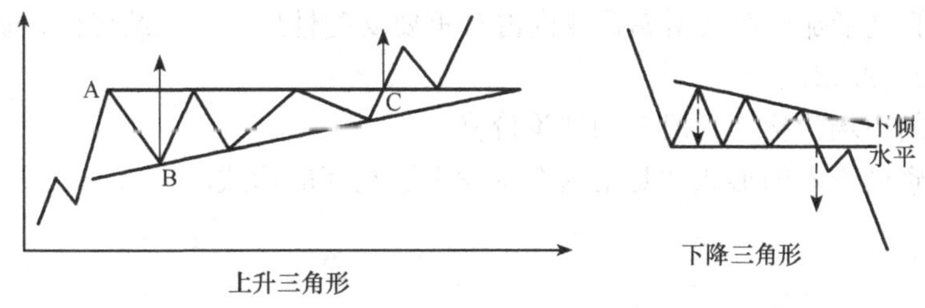

图 8.9 上升三角形和下降三角形

练 习 题

一、单项选择题

1．K 线图的阳线（　　）。

A．开盘价低于收盘价　　B．开盘价高于收盘价

C．开盘价等于收盘价　　D．以上都不是

2．（　　）是现在股票交易委托的主要形式。

A．电话委托　　B．信函委托

C．远程终端委托　　D．当面委托

3．以下属于反转形态的是（　　）。

A．头肩顶和头肩底　　B．上升三角形

C．下降三角形　　D．对称三角形

二、多项选择题

1．根据股东所享有的权益，股票可分为（　　）。

A．A 股　　B．B 股

C．普通股　　D．优先股

2．股票的基本分析分为（　　）。

A．宏观因素分析　　B．技术分析

C．行业分析　　D．公司分析

3．股票投资技术分析的前提（　　）。

A．市场行为涵盖一切　　B．价格沿趋势移动

C．历史会重演　　D．以上都不是

三、判断题

1．蓝筹股是指那些在其所属行业内占有重要支配性地位、业绩优良、成交活跃、红利丰厚的大公司股票。（　　）

2．股票的市场价格等于股票的理论价格。（　　）

3．国有资产收入的形式就是指国有企业上缴利润的形式。（　　）

四、填空题

1．股票的特征包括＿＿＿＿＿＿、＿＿＿＿＿＿、＿＿＿＿＿＿、＿＿＿＿＿＿以及价格波动性和风险性。

2．股票市场是股票＿＿＿＿＿＿和＿＿＿＿＿＿的场所。

3．证券买卖的程序一般包括______________、______________、______________、______________和过户等步骤。

4．目前在世界证券市场，成交价的决定基本上按价格的形成是否连续分为______________和______________。

5．投资人投资股票的收益主要由______________和______________两部分构成。

6．道氏理论认为市场股票价格随市场的趋势同向变化，主要表现为______________、______________和______________三种趋势。

第9章 外 汇

学习目标

1. 理解并掌握狭义的静态外汇概念及其所包含的内容。
2. 理解并掌握外汇的三个特征。
3. 理解汇率的概念、掌握汇率的三种标价方法。
4. 熟悉三种不同形式的外汇。
5. 熟悉汇率按照不同标准进行的分类。
6. 了解影响汇率变动的主要因素，以及汇率变动对我国经济的影响。

案例导入

董财经先生前些天去了一趟越南，去之前用 3000 元人民币换了近 9 000 000 越南盾，可到了越南，董先生发现很多地方都直接使用人民币了。回到家，董先生把没有用完的越南盾留作了纪念。

表 9.1 几种主要货币的人民币汇率表

币 种	货币单位	中 间 价	买 入 价	卖 出 价
美元（USD）	100	658.31	656.34	660.28
港币（HKD）	100	84.49	84.32	84.66
欧元（EUR）	100	896.35	892.76	899.94
英镑（GBP）	100	1053.49	1049.28	1057.70
日元（JPY）	100	7.97	7.94	8.00

注：汇率数据更新时间：2011-01-22 16:25:01 的中国银行外汇牌价。

(资料来源：http://forex.hexun.com/rmbhl/)

想一想 （1）什么是外汇？同学们可以说出哪些常见的外币名称？

（2）什么是汇率？汇率的中间价是怎么得出来的？

9.1 外　汇

9.1.1 外汇的概念及内容

外汇的含义有动态与静态之分。

外汇的动态概念，是指货币在各国间的流动，以及把一个国家的货币兑换成另一个国家的货币，借以清偿国际间债权、债务关系的一种专门性的经营活动。它是国际间汇兑的简称。

静态的外汇概念，一般指狭义的范围，即以外国货币表示的，为各国普遍接受的，可用于国际间债权债务结算的各种支付手段。主要包括外币现钞、外币支付凭证或者支付工具。

根据1997年修正颁布的《中华人民共和国外汇管理条例》规定，外汇是指以外币表示的可以用作国际清偿的支付手段和资产。主要有以下几种：

1）外币现钞，包括外国纸币、铸币。

2）外币有价证券，包括外国政府公债、国库券、公司债券、股票、息票等。

3）外币支付凭证或者支付工具，包括外国票据、银行存款凭证、邮政储蓄凭证等。

4）特别提款权、欧洲货币单位（欧元的前身）。

5）其他外汇资产。

广义的静态外汇概念是指一国拥有的一切以外币表示的资产。国际货币基金组织（IMF）对此的定义是："外汇是货币行政当局（中央银行、货币管理机构、外汇平准基金及财政部）以银行存款、财政部库券、长短期政府证券等形式保有的在国际收支逆差时可以使用的债权。"泛指用于国际收支的一种特殊债权或金融资产。一切可用作国际清偿的支付手段和资产都属于外汇范畴。

9.1.2 外汇的特征

1）外币性。外汇必须是以外国货币表示的资产。如人民币在我国以外的国家都是外汇，但在我国则不是。

2）可兑换性。外汇必须具有充分的可兑换性，必须是可以自由兑换为其他支付手段的外币资产。

3）可偿性。可偿性也叫可获得性，即外汇必须是在国外能得到偿付的货币债权，即能为各国所普遍承认和接受的金融资产。

欧　元

2011年1月1日，随着爱沙尼亚的加入，欧元区的成员国已经达到17个。

分别是爱尔兰、奥地利、比利时、德国、法国、芬兰、荷兰、卢森堡、葡萄牙、西班牙、希腊、意大利、斯洛文尼亚、塞浦路斯、马耳他、斯洛伐克、爱沙尼亚。

【货币名称】欧元

【标准代码】EUR

【惯用符号】€（由代表欧洲文明的希腊字母 epsilon 的 E，代表欧洲的 E，与代表欧元稳定性的横划的平行线的组合）

【货币前身】欧洲货币单位（ECU）

【货币进制】1 欧元＝100 欧分

【使用地域】根据欧盟的规定，欧元现钞于 2002 年 1 月 1 日起正式流通，欧元区的各成员国原货币从 2002 年 3 月 1 日起停止流通。

欧盟政治家推动欧元的潜在意图就是要结束“美元的专制统治”。从经济利益的角度讲，实行统一货币会给欧盟各国带来以下好处：增强自身经济实力，提高竞争力；减少内部矛盾，防范和化解金融风险；简化流通手续，降低成本；增加社会消费，刺激企业投资。

9.1.3 外汇的种类

按照外汇进行兑换时的受限制程度，可分为自由兑换外汇、有限自由兑换外汇和记账外汇。

1. 自由兑换外汇

自由兑换外汇是指无须经货币发行国批准，在国际金融市场上可以自由买卖、在国际金融中可以用于偿清债权债务、并可以自由兑换成其他国家货币的外汇。如美元、英镑、日元、瑞士法郎、欧元、德国马克等可自由兑换的货币，如表 9.2 所示。这些国家经济发达，国内金融市场完善，国际储备充足，基本上取消了外汇管制。

表 9.2 目前可自由兑换的主要货币名称及符号一览表

所在国家或地区	货币名称		货币简称	货币符号
	中文	英文		
美国	美元	U.S.Doller	USD	US $
中国香港特别行政区	港币	HongKong Dollers	HKD	HK $
欧元区	欧元	European Doller	EUR	€
英国	英镑	Pound	GBP	£
日本	日元	Japanese Yen	JPY	¥

注：1）按国际惯例，每种货币都用一个唯一的 3 个字母组成的国际标准组织（ISO）代码标志。
　　2）人民币的货币简称 CNY。

2. 有限自由兑换外汇

有限自由兑换外汇是指未经货币发行国批准，不能自由兑换成其他货币或对第三国进行支付的外汇。国际货币基金组织规定凡对国际性经常往来的付款和资金转移有一定限制的货币均属于有限自由兑换货币。世界上有一大半的国家货币属于有限自由兑换货币，比如我国的人民币。

3. 记账外汇

记账外汇又称清算外汇、双边外汇，是指记账在双方指定银行账户上的外汇，不能自由兑换成其他国家货币，也不能向第三国支付的外汇，它是双边协定的产物。一般是在两国签订协议后，在双方中央银行或指定银行设立双边清算账户，以协定规定的货币作为记账货币，两国间发生的外汇收支均以记账货币为单位记入对应的清算账户。最后，以相互抵消的方式清算在协定范围内所发生的债权债务，所余下的差额则由双方协商解决。

从形式上看，外汇是某种外国货币或外币资产，但不能认为所有的非本国货币都是外汇，只是那些能把该种货币兑换为任何其他国家货币而不受限制的可自由兑换货币才能成为外汇。根据国际货币基金组织的有关资料，目前，国际上列入可自由兑换的货币有 60 余种，其中最主要的有美元、德国马克、日元、英镑、瑞士法郎、港元、新加坡元等。我国的人民币仍然是非完全自由货币。人民币只在经常项目下实现可兑换，在资本项目下的兑换是受到限制的。随着我国国际地位的提高，人民币最终必然实现完全的自由兑换。

9.2 汇率

9.2.1 汇率的概念

汇率是一国货币同另一国货币兑换的比率。如果把外国货币作为商品的话，那么汇率就是买卖外汇的价格，是以一种货币表示另一种货币的价格，因此也称为汇价。

汇率在国际经济活动中具有十分重要的作用，不仅为两国货币兑换提供折算的标准，还通过货币的兑换与折算，为国际贸易和其他经济往来提供便利。

9.2.2 汇率的标价方法

由于选择的标准不同，汇率的表示方法也不同。目前，世界上主要有直接标价法和间接标价法两种。另外，还有一种不太常用的中间标价法。

1. 直接标价法

直接标价法又称为应付标价法，是以一定单位（如 1、100 等）的外国货币为标准，来计算折合成多少单位的本国货币。就相当于计算购买一定单位外币应付多少本币，所以叫应付标价法。在国际外汇市场上，日元、瑞士法郎、加拿大元等均为直接标价法。比如，日元 11905，即 100 美元兑 11905日元。我国也是采用直接标价法，比如，1 美元对人民币 6.5908 元。

在直接标价法下，若一定单位的外币折合的本币数额多于前期，则说明外币币值上升或本币币值下跌，叫做外汇汇率上升；反之，如果要用比原来较少的本币即能兑

换到同一数额的外币，这说明外币币值下跌或本币币值上升，叫做外汇汇率下跌，即外币的价值与汇率的涨跌成正比。

2. 间接标价法

间接标价法又称应收标价法，是指以一定单位（如 1、100 等）的本国货币为标准，来计算应收若干单位的外国货币。在国际外汇市场上，欧元、英镑、澳元等均为间接标价法。如欧元 1.3700，即 1 欧元兑 1.3700 美元。

在间接标价法中，本国货币的数额保持不变，外国货币的数额随着本国货币币值的对比变化而变动。如果一定数额的本币能兑换的外币数额比前期少，这表明外币币值上升，本币币值下降，即外汇汇率上升；反之，如果一定数额的本币能兑换的外币数额比前期多，则说明外币币值下降、本币币值上升，即外汇汇率下跌，即外币的价值和汇率的涨跌成反比。

大家可以看出，直接标价法和间接标价法所表示的汇率涨跌的含义正好相反，所以在引用某种货币的汇率和说明其汇率高低涨跌时，必须明确采用哪种标价方法，以免混淆。

3. 中间标价法

为了便于国际间进行外汇交易，国际金融市场上进行外汇交易时的报价普遍采用了美元标价法，即中间标价法。是以一定单位的美元为标准来表示各国货币的价格。非美元之间则通过各自对美元的汇率套算，作为报价基础。

9.2.3 汇率的种类

1. 按国际货币制度的演变分为固定汇率和浮动汇率

1）固定汇率是指一国政府用行政或者法律的手段选择一个基本参照物，并确定、公布和维持本国货币与该单位参照物的比价，这个比价基本固定，仅仅限于在一定幅度内波动。

2）浮动汇率是指一国货币当局不规定本国货币与另一国货币的官方汇率，也无任何汇率波动幅度的上下限，任凭外汇市场的供求关系来决定其汇率，汇率根据各国币值来上浮或下浮。一国货币市场原则上没有维持汇率水平的义务，但必要时可进行干预，使本币汇率不致波动过大，以维护本国经济的稳定和发展。

2. 按制定汇率的方法可分为基本汇率和套算汇率

1）基本汇率。各国在制定汇率时必须选择某一国货币作为主要对比对象，这种货币称之为关键货币。根据本国货币与关键货币实际价值的对比，制定出对它的汇率，这个汇率就是基本汇率。一般美元是国际支付中使用较多的货币，各国都把美元当作制定汇率的主要货币，常把对美元的汇率作为基本汇率。

2）套算汇率制定出基本汇率之后，本币对其他外国货币的汇率就可以通过基本汇率套算出来，又叫做交叉汇率。比如，2002 年 3 月 5 日中国人民银行公布基本汇率

USD/RMB＝8.2767，而国际市场上 USD/CAD（加拿大元）＝1.5913,这样可以套算出 CAD/RMB＝5.2012，表示 1 加元可以兑换 5.2012 人民币。

在我国公布的人民币对其他主要货币的汇率，也是首先确定人民币对美元的基本汇率，然后再套算出其他货币的汇率。

想一想 中国人民银行授权中国外汇交易中心公布，2011 年 1 月 21 日银行间外汇市场人民币汇率中间价为：1 美元对人民币 6.5886 元，1 欧元对人民币 8.8765 元，100 日元对人民币 7.9424 元，1 港元对人民币 0.84636 元，1 英镑对人民币 10.4808 元。

根据上述资料，你能根据人民币汇率计算出美元与欧元、日元、港元、英镑之间的汇率吗？

（资料来源：货币政策司.2011.中国人民银行：2011 年 1 月 21 日中国外汇交易中心授权公布人民币汇率中间价公告）

3. 按银行买卖外汇的角度可分为买入汇率、卖出汇率和中间汇率

1）买入汇率又称为买价或买入价，指银行买入外汇时所使用的汇率。如导入案例中 USD/RMB 的买入汇率是 656.34。即银行买入 100 美元外汇付给客户 656.34 元人民币。

2）卖出汇率又称为卖价或卖出价，指银行卖出外汇时所使用的汇率。如导入案例中 USD/RMB 的卖出汇率是 660.28。即：银行卖出 100 美元外汇，向客户收取 660.28 元人民币。银行在买卖外汇时是低买高卖，两者之间的差额就是银行买卖外汇的收益。比如，导入案例中 USD/RMB 的买入汇率和卖出汇率相差 3.94 元人民币，这就是银行的收益。

3）中间汇率又称为中间价，是买入汇率和卖出汇率的平均数，即（买入汇率＋卖出汇率）/2＝中间汇率。比如，2011 年 1 月 22 日 USD/RMB 的中间汇率就是（656.34＋660.28）/2＝658.31 元人民币。中间汇率适合银行同业之间的外汇买卖。计算中间汇率的目的是为了便于分析外汇市场的汇率变化情况，也是为了便于报刊、媒体的报道。

此外，按照外汇买卖交割期限划分，汇率可以分为即期汇率和远期汇率；按照对汇率管制程度的不同划分，还可以划分为官方汇率和市场汇率。

小知识 中国人民银行每日公布人民币对主要外币（美元，日元，港币等）的基准汇率。各商业银行以基准汇率为依据，根据国际外汇市场行情自行套算出人民币对各种可自由兑换货币的中间价，在中国人民银行规定的在交易基准汇价上下的浮动范围内自行制定银行间（外汇银行与客户之间）外汇买入价、外汇卖出价以及现钞买入价和现钞卖出价，并对外挂牌，这些挂牌价即为银行外汇牌价。

9.2.4 现行的人民币汇率政策

我国目前实行的是以市场供求为基础的、单一的、有管理的浮动汇率制。其主要内容有如下几点：

1）实行单一汇率。

2）指定准许经营外汇的银行，在全国外汇交易中心，买卖外汇。

3）汇率波动超过一定幅度，中国人民银行入市干预。

4）根据前一日银行间外汇交易市场形成的价格，中国人民银行公布当日人民币对美元及其他主要货币的汇率。

5）各经营外汇的银行在人民银行规定的浮动幅度内自行挂牌，买卖外汇。

9.2.5 浮动汇率制下影响汇率变动的主要因素

汇率的变动表现为货币的升值与贬值，主要受到以下因素的影响。

1. 国际收支

所谓国际收支就是一个国家的货币收入总额与货币支出总额的对比。如果货币收入总额大于支出总额，便会出现国际收支顺差，反之，则是国际收支逆差。国际收支状况对一国汇率的变动能产生直接的影响。发生国际收支顺差，会使该国货币对外汇率上升，反之，该国货币汇率下跌。这是影响汇率的最直接的一个因素。

2. 利率

利率作为一国借贷状况的基本反映，对汇率波动起决定性作用。利率水平直接对国际间的资本流动产生影响，高利率国家发生资本流入，低利率国家则发生资本流出。资本流动会造成外汇市场供求关系的变化，从而对外汇汇率的波动产生影响。一般而言，一国利率提高，将导致该国货币升值，反之，该国货币贬值。

3. 通货膨胀

如果一国的物价水平高，通货膨胀率高，说明本币的购买力下降，会促使本币贬值。反之，就趋于升值。

4. 经济增长速度

经济增长速度是影响汇率波动的最基本的因素。国民总产值的增长会引起国民收入和支出的增长。收入增加会导致进口产品的需求扩张，继而扩大对外汇的需求，推动本币贬值。而支出的增长意味着社会投资和消费的增加，有利于促进生产的发展，提高产品的国际竞争力，刺激出口增加外汇供给。

另外，政治局势、政府干预、人们的心里预期、外汇储备等因素也会引起汇率变动。

9.2.6 汇率变动对我国经济的影响

汇率变动对经济产生的影响是多方面的，以下仅就当前人民币升值给我国经济带来的影响进行分析。

1. 人民币汇率升值的有利影响

1）刺激进口增加。人民币汇率升值，国外消费品和生产资料的价格比以前相对便宜，有利于降低进口成本。

2）优化产业结构。人民币的升值会相应淘汰掉一批廉价劳动力加工企业，在一定程度上会优化我国的产业结构，使得我国GDP由出口导向型向内需导向型转变。

3）减轻外债负担。人民币汇率的上升，有利于减轻外债还本付息压力，未偿还外债还本付息所需本币的数量相应减少，从而在一定程度上减轻了外债负担。

2. 人民币汇率升值的不利影响

1）抑制出口增长。人民币汇率升值后，出口企业成本相应提高。在国际市场价格保持不变的情况下，出口利润将下降；如果出口企业为维持一定利润而提高价格，则会削弱出口产品的国际竞争力，不利于出口的持续扩大和产品在国际市场上占有率的提高。人民币汇率升值将对我国大量劳动密集型出口产品的国际市场价格竞争力造成伤害。

2）影响金融市场的稳定。资本市场上活跃的多为国际热钱，即国际游资，这部分资金规模大、流动快、趋利性强，是造成金融市场动荡的潜在因素。在我国金融监管体系有待进一步健全、金融市场发展相对滞后的情况下，大量短期资本通过各种渠道，流入资本市场的逐利行为，容易引发货币和金融危机，将对我国经济持续健康发展造成不利影响。

3）增加就业压力。由于目前我国提供新增就业机会的主要是出口企业和外资企业，人民币升值将抑制或打击出口，最终将影响到就业。在当前我国就业形势不容乐观的情况下，人民币汇率升值将可能进一步恶化就业形势。

4）外汇储备资产缩水。由于我国外汇储备中约65%是美元资产，因此，美元对人民币如果大幅贬值就会使我国的存量美元外汇储备资产价值不断缩水，损失巨大。

练 习 题

一、单项选择题

1. 下列不属于外汇特征的是（ ）。

   A. 可自由兑换性　　B. 不可自由兑换性

   C. 外币性　　D. 可偿性

2. 截止2011.1.1，加入欧元区的国家一共有（ ）。

   A. 15　　B. 16　　C. 17　　D. 18

3. 英镑的货币符号是（ ）。

   A. $　　B. ¥　　C. £　　D. €

4. 下列各国（地区）货币中，采用直接标价法的是（ ）。

A．欧元　　B．英镑　　C．澳元　　D．人民币

5．GBP/RMB 的买入汇率是 1049.28，GBP/RMB 卖出汇率是 1057.70，则 GBP/RMBD 中间汇率为（　　）。

A．1049.28　　B．1053.49

C．1057.70　　D．条件不充分，无法计算

二、多项选择题

1．下列各国货币属于可自由兑换货币的是（　　）。

A．英镑　　B．美元　　C．人民币　　D．港币

2．《中华人民共和国外汇管理条例》中规定的外汇包括（　　）。

A．外国纸币　　B．外国政府公债

C．外国银行存款凭证　　D．外国股票

3．按照外汇进行兑换时的受限制程度，可分为（　　）。

A．自由兑换外汇　　B．有限自由兑换外汇

C．记账外汇　　D．无法兑换外汇

4．按照制定汇率的方法不同，可以将汇率划分为（　　）。

A．固定汇率　　B．基本汇率

C．套算汇率　　D．浮动汇率

5．下列影响汇率变动的因素有（　　）。

A．通货膨胀　　B．利率

C．国际收支　　D．外汇储备

三、判断题

1．《中华人民共和国外汇管理条例》中规定的外汇概念是广义的范畴。（　　）

2．日元采用间接标价法来表示汇率。（　　）

3．中间标价法又称美元标价法，是以一定单位的美元为标准来表示各国货币的价格。（　　）

4．我国目前实行的是以市场供求为基础的、单一的、有管理的浮动汇率制。（　　）

5．人民币升值只会给我国经济带来好处，没有坏处。（　　）

四、拓展题（要求利用网络、报纸、电视等媒体资源进行资料的查找、收集、整理）

请同学们收集关于“2005 年我国汇率政策改革以来，人民币汇率持续小幅升值”的资料，并分析对我国经济、人民生活造成了什么样的影响。

第10章 保 险

学习目标

1. 理解并掌握风险与保险的概念，理解风险的特点及种类。
2. 理解风险与保险两者之间的区别与联系。
3. 理解并掌握保险的基本原则。
4. 掌握保险合同的概念。
5. 理解并掌握保险合同的特征、种类、要素和效力。
6. 理解保险的分类。
7. 理解并掌握财产保险和人身保险的主要内容。

案例导入

董财经先生的同事老刘突发脑溢血，还好抢救及时没有生命危险。董先生和同事们前去看望老刘，发现老刘虽然躺在病床上，但似乎精神还挺好。老刘告诉大家，幸好办了重大疾病保险，大笔的医药费就不用发愁了。原来如此，真是人有旦夕祸福啊。不过早作安排还是很有必要的，在回来的路上董先生和同事们聊起了保险……

10.1 保险概述

10.1.1 风险与保险

1. 风险概述

人们在日常生活中，经常会遇到一些难以预料的事故和自然灾害。而这些意外事故和自然灾害都具有不确定性，也就是我们所说的风险。具体来说，风险是指在特定的客观情况下，在特定的期间内，某种损失发生的可能性。风险是客观存在的，是不以人的意志为转移的。

风险一般由风险因素、风险事故和损失三个要素组成。风险因素是指引起或增加风险事故发生的机会或扩大损失幅度的条件，是风险事故发生的潜在原因，它包括道德风险因素、物质风险因素和心理风险因素三个方面。风险事故是指造成生命、财产损坏的偶发事件，是造成损害的直接原因。损失是指非故意的、非预期的和非计划的经济价值的减少。它们三者之间存在着一种必然的因果关系，即风险因素增加风险事故产生的可能性，风险事故引起损失的发生。

案例分析

真正的财富

小镇上有两个人，一个非常富有，经营着一家大工厂。另一个却过着平凡的生活。

一场意外夺去了两人的生命。富人的工厂立即陷入混乱，很快破产了，他的家人不得不从原来的大房子里搬了出来，生活日渐困苦。另一个，他的家人虽然悲痛，但因为他生前投了保，他的家人获得了保险公司的理赔，他们仍然过着衣食无忧的生活。

2. 风险的特点

风险作为一种客观存在，它具有以下特点：

> 启示
> 能在最关键的时候为你和你家人提供帮助的，才是真正的财富。

1）风险存在的客观性。风险是独立于人的意志之外的，如地震、海啸、洪水、意外事故等，它们都是不以人的主观意识为转移的客观存在。

2）风险存在的普遍性。正如人的生、老、病、死是无法避免的一样，风险深入到社会、企业和个人生活的方方面面，无时无处不存在着。

3）某一风险发生的偶然性。虽然风险是客观存在的，但是就某一种具体的风险而言，它是否会发生、何时会发生以及发生后所引起的后果如何都是不确定的，也就是说，某一风险的发生及演变情况是具有偶然性的。

4）大量风险发生的必然性。相对于个别风险发生的偶然性来说，大量的风险事故的发生又是必然的，而且根据研究显示，大量风险的发生还具有一定的规律性。

5）风险的可变性。这是指风险在一定的条件下是可以转化的。譬如说，有的风险随着人们的管理方式加强，其发生频率及损失程度都有可能降低，有的风险则有可能会消除，但是，随着经济、社会的发展，又有可能发生各种各样新型的风险。

3. 风险的种类

根据不同的划分标准，风险可以划分成各种不同的种类。

1）根据风险损害的对象划分，风险可分为财产风险、人身风险和责任风险。财产风险是指导致财产发生毁损、灭失或贬值等的风险，如台风、火灾、洪水等。人身风险是指因生、老、病、死、残等原因导致的风险，包括劳动能力的丧失、医疗费用的支出等。责任风险是指依法对他人遭受的人身伤害或财产损失应负的法律赔偿责任或无法履行契约所致对方受损应负的合同赔偿责任。

2）根据风险的性质划分，风险可分为纯粹风险和投机风险。纯粹风险是指造成损害可能性的风险可能导致损失和无损失两种结果，如水灾、意外事故等。投机风险是指风险事故的发生可能导致的后果有损失、无损失和盈利三种，如股市风险、赌博风险等。

3）根据损失的原因划分，风险可分为自然风险、社会风险、经济风险、政治风险和技术风险。自然风险是指由于自然现象和意外事故所致的财产毁损和人员伤亡的风险。社会风险是指由于个人行为反常或不可预测的团体过失、疏忽、侥幸等不当行为所致的损害风险，如罢工、抢劫等。经济风险是指在产销过程中，由于有关因素变动或估计错误而导致的产量减少或价格涨跌的风险，如通货膨胀、汇率变动等。政治风险是指由于政权更迭、种族冲突、战争等政治原因引起社会动荡而造成损害的风险。技术风险是指由于科技、生产方式的改变而导致的风险，如核污染、空气污染、噪声污染等。

4）根据风险是否可以投保，风险可分为可保风险和不可保风险。可保风险仅限于纯风险，所谓纯风险，是指只有损失可能而无获利机会的不确定性。但并非所有的纯风险都是可保风险。纯风险成为可保风险必须满足下列条件：第一，损失程度较高，一旦发生，就会给人们造成极大的经济困难。对此类风险事件，保险便成为一种有效的风险管理手段。第二，损失发生的概率较小。第三，损失具有确定的概率分布。第四，存在大量具有风险的保险标的，从而保证风险发生次数及损失值以较高的概率集中在一个较小的波动幅度内。第五，损失的发生必须是意外的。第六，损失是可以确定和测量的，即损失发生的原因、时间、地点都可被确定以及损失金额可以测定。第七，损失不能同时发生。而不具备上述条件的纯风险和非纯风险即为不可保风险。

4. 风险与保险

“天有不测风云，人有旦夕祸福”。自然灾害和意外事故是人类生活中有可能发生，也有可能不发生的偶然风险。保险就是转移风险、补偿损失的最佳手段。那么什么是保险呢？

保险是以契约形式确立双方经济关系，以缴纳保险费建立起来的保险基金，对保险合同规定范围内的灾害事故所造成的损失，进行经济补偿或给付的一种经济形式。保险是最古老的风险管理方法之一。保险合约中，被保险人支付一个固定金额（保费）给保险人，前者获得保证：在指定时期内，后者对特定事件或事件组造成的任何损失给予一定补偿。

如上所述，风险与保险之间存在着密切的联系，具体有以下几点：

1）风险是保险产生和存在的前提。风险是客观存在的，而且风险的发生直接影响会生产过程的持续进行和家庭的正常生活。因此，保险作为一种对风险造成的损失进行经济补偿的方式，能够较好地被社会所接受。

2）风险的发展是保险发展的客观依据。随着社会的进步，科学技术日新月异，而新型的风险也随之而来，这就促使保险业也必须不断设计出新的险种，才能满足新产生的风险对经济补偿的需求。

3）保险是风险处理的传统而有效的措施。当人们面临各种各样风险损害的时候，虽然可以选择通过控制的方式尽量减少或消除风险，但风险并不能够完全被消除，这个时候更有效的方式就是转移风险。即通过支出小额保险费换取保险人对自己可能面临的较大风险进行经济保障，从而把自己不能够承担的风险转嫁给保险人。

4）保险的经营效益受风险管理技术的制约。风险管理技术是影响保险经营效益的重要因素之一。应用何种风险管理技术，对风险的识别是否全面，对风险损失概率和损失幅度的估计是否准确合理，险种的保险范围应放到多大，这些都制约着保险的经营效益。

10.1.2 保险概述

1. 保险的定义

保险定义如前一小节所述。《中华人民共和国保险法》第 2 条明确了商业保险的定义："保险，是指投保人根据合同约定，向保险人支付保险费，保险人对于合同约定的可能发生的事故因其发生所造成的财产损失承担赔偿保险金责任，或者当被保险人死亡、伤残、疾病或者达到合同约定的年龄、期限时承担给付保险金责任的商业保险行为。"

根据以上定义可知，首先，商业保险行为是一种以保险合同为形式、以经济补偿为内容的民事法律行为，不同于以国家立法为基础的社会保险；其次，投保人必须根据合同约定，履行交费义务，才可享有保险事故发生时的索赔权和经济补偿，不同于以单方给予为基础的社会救济；最后，保险人的赔偿给付义务的履行（人寿保险除外）是不确定的，有赖于合同约定的事故（人身保险也称事件）的发生与否，不同于以确定的受益权为基础的储蓄制度。

想一想 你买过保险吗？你曾经关注过什么保险吗？

2. 保险的要素

（1）可保风险

可保风险是指保险人可以接受承保的风险，可保风险应具备的几个特性如前一小节所述，也就是说并不是所有的风险保险人都可以承保的。

（2）多数人的同质风险的集合与分散

保险的过程，是一个风险集合的过程，同时又是一个风险的分散过程。即众多投保人将所面临的风险转嫁给保险人，保险人通过承保将众多风险集合起来，在发生风险事故的时候，才可将搜集的众多投保人的保费拿出来给个别投保人补偿。而这种集合与分散的风险必须是同质的风险，同时也是多数人面临的风险。

（3）费率的合理立订

合理的费率是构成保险的基本要素。费率过高，会导致保险需求的降低；过低的费率则会使得保险供给得不到保障。

（4）保险基金的建立

保险基金是用以补偿或给付因自然灾害、意外事故和人体自然规律所致的经济损失和人身损害的专项货币基金。它是保险的赔偿与给付的基础。

（5）订立保险合同

保险是一种经济关系，是投保人与保险人之间的经济关系。这种经济关系必须通过合同的订立来确定，这样才能从法律上确保双方的权利与义务。所以，订立保险合同是保险得以成立的基本要素。

3. 保险的特征

1）经济性。保险是一种经济保障活动，它构成了国民经济活动的一个组成部分，同时也体现了商品等价交换的关系。

2）互助性。保险在一定的条件下，分担了个别单位与个人不能承担的风险，从而形成了一种“一人为众，众为一人”的互助思想。

3）法律性。保险的保障是以签订保险合同为前提的，所以它是一种合同法律行为。

4）科学性。保险保费的计算，是在科学计算风险事故发生的概率以及损失的可能性和程度之后，再用科学的方法计算出来的，所以科学性是现代保险经营的基础。

4. 保险的职能

保险的基本职能是转移风险、补偿损失，即投保人通过交纳少量保险费，将风险转由保险人承担；一旦发生风险，则进行损失分摊，由众多的企业和个人共同分摊少数遭受灾害事故的企业和个人的损失。

此外，保险还有派生职能即防灾防损职能和投资职能，对家庭和个人具有不可低估的保障作用。

案例分析

伐木工人的故事

一个马来西亚伐木工人每天勤恳的工作，以维持一家的生活。一天，一个保险业务员找到他，建议他买份保险，因为伐木是一个高危险行业，以防发生不测。伐木工人表示要回家和太太商量一下。回家后太太破口大骂，觉得保险浪费金钱没有用，拒绝购买。后来，伐木工人在业务员的劝说下用私房钱购买了保险。有一天，伐木工人早上平安出门，却未能平安归来，一颗参天大树相反方向的倾倒夺去了他的生命。伐木工一家失去了家庭支柱，立刻陷入了绝境，正当孤儿寡母走投无路之时，那位保险业务员得知情况及时赶到，告知她当初她丈夫隐瞒她私下购买保险的事情，并送上了大额理赔金。当伐木工太太得知一切后，悲痛落泪，她让小孩立即跪下来，一是感谢保险公司的雪中送炭；二是感激丈夫的一片真情。

10.1.3 保险的基本原则

> 讨论
> 在这个故事中，保险发挥了什么作用？

1. 保险利益原则

（1）保险利益与保险利益原则

保险利益是指投保方对保险标的所具有的法律上承认的经济利益。投保人对保险标的应当具有保险利益，这一原则是保险所特有的原则，也是保险合同必不可少的要素之

一。一般来说，财产保险的保险利益在保险事故发生时存在，这时才能补偿损失。人身保险的保险利益必须在订立保险合同时存在，用来防止道德风险。

（2）保险利益的条件

1）合法的利益。保险利益必须是符合法律规定、符合社会公共秩序要求，为法律认可并受到法律保护的利益。具体来说，投保人对保险标的所具有的所有权、使用权等一切利益均必须得到法律保护，凡违反法律规定或损害社会公共利益而产生的利益，一律不能作为保险利益。

2）客观存在的利益。所谓客观存在，即是指此项保险利益是基于保险标的的价值而存在，必须是投保人对保险标的在客观上或事实上已经存在或可以确定的利益。也就是所说的现有利益和期待利益。

3）经济上可确定的利益。所谓经济上可确定的利益是指投保人对保险标的所具有的利益应当是能够以货币来计算和估价的利益，而不能对有可能遭受的非经济利益损害（如精神创伤等）或非法的利益损失（如刑事处罚等）进行投保。

（3）保险利益的种类

保险利益可分为财产保险的保险利益和人身保险的保险利益。

1）财产保险的保险利益主要包括所有权，委托保管权和其他权利。

所有权。因所有权或占有、使用权而产生的保险利益。包括所有权人、经营权人、留置权人、管理权人等对财产及有关利益具有相应的保险利益，一旦财产及相关利益受到损害，会带来不同程度的经济利益损失。

委托保管权。在经济生活中，有效的合同会使双方对各自的交换物产生相应的保险利益。如买卖合同、租赁合同及保管合同等。

其他权利。在日常生活中，投保人有可能会因为自己的行为和不行为导致他人财产或人身受到损害，并因此而承担法律上的民事损害赔偿责任，这种赔偿责任所涉及的利益即属其他权利。

2）人身保险的保险利益。我国采用限制家庭成员关系范围并结合被保险人同意的方式来确定人身保险的保险利益。《保险法》第五十二条规定，投保人对下列人员具有保险利益：①本人；②配偶、子女与父母；③前项以外与投保人有抚养、赡养或者扶养关系的家庭其他成员、近亲属；④被保险人同意投保人为其订立合同的，视为投保人对被保险人具有保险利益。

（4）保险利益原则的意义

1）与赌博从本质上划清界限，防止赌博行为的发生。

2）防止道德风险的发生。

3）限制赔偿或给付的最高额度。

2. 最大诚信原则

（1）规定最大诚信原则的原因

诚实信用是一切民事活动所遵循的最高指导原则而被称为“帝王原则”。它要求人们恪守诺言，诚实不欺，任何一方当事人都必须善意、全面地履行自己的义务。保险活动作为一种特殊的民事活动，对道德规范的要求高于其他民事活动。最大诚信原则告诫当事人不得以欺诈、隐瞒的故意或疏忽大意的态度对待保险活动。作为被保险人，在投保要求转嫁风险时，必须要将可能发生的保险事故的保险标的和与其有连带关系的各种情况诚实无私地如实告知保险人；作为保险人，在签约及履约时，必须以最诚实守信的态度无私地保证合同得以签订和履行。此项原则需贯穿于保险活动始终，原因有以下两点：

1）保险信息不对称。由于保险标的在投保前后基本在投保人控制之中，作为保险人无法逐一对保险标的的情况进行一一了解，只能依据投保人如实告知关于保险标的的相关情况，这使得保险人对保险标的的风险管理比较困难。所以，投保人对保险标的的情况如实告知显得尤为重要。

2）保险合同的射幸性。由于保险保障的是不确定的风险，这就使得投保人投保后并不一定会获得保险补偿，且保险合同由保险机关事先拟定，技术性相对较高，投保人或被保险人不容易充分理解其条款内容。为防止业务人员为业务发展需要，不如实告知投保人相关内容，致使投保人或被保险人利益受损，保险法要求保险人应对保险合同条款进行如实说明。

据考证，当保险制度于19世纪中叶传入中国后，我国学者将描述保险合同性质的“Aleatory Contract”一词译成了射幸性合同。由此，保险合同具有射幸性特征便自然而然地流传到了今天。

射幸合同是指合同当事人一方或双方对于合同的给付，因不确定的偶然事件的发生而发生的合同。典型的射幸性合同有：保险、赌博、赛马等。射幸性合同具有碰运气的性质，有可能因违背公序良俗而无效（如赌博），但在符合法律规定的情况下，也能具有效力（如保险）。

（2）最大诚信原则的内容

1）告知。告知指合同订立之前、订立时及在合同订立之后的有效期内，双方当事人均应如实申报、陈述。

告知的内容：包括投保人告知和保险人告知两个方面。

其中投保人的告知内容包括：有关保险标的的风险状况、是否重复保险、保险标的所有权发生转让、发生保险事故时的及时通知等。

而保险人告知的内容包括：主动向投保人说明合同条款的内容，特别是明确说明责任免除条款，在保险事故发生或在合同约定的条件满足后，应当按合同的约定告知投保人并履行赔偿或给付义务。

告知的形式：包括投保人告知形式和保险人告知形式两方面。

投保人的告知形式有无限告知和询问回答告知两种。

无限告知又称客观告知，是指法律或保险人对告知的内容没有明确性的规定，投保方应将与保险标的的危险状况及有关重要事实如实告知保险人。所谓询问回答告知又称

主观告知，是指投保方只对保险人所询问的问题必须如实回答，而对询问以外的问题投保方可无需告知。我国与许多国家一样，保险立法要求投保方采取询问回答即主观告知的形式履行其告知义务。

保险人的告知形式有明确列明和明确说明两种形式。

明确列明是指保险人只需将保险的主要内容明确列明在保险合同之中，即视为已告知投保人。明确说明是指保险人不仅应将保险的主要内容明确列明在保险合同之中，还必须对投保人进行正确的解释。我国则对保险人的告知形式采用明确说明的方式，尤其是责任免责条款不仅要明确列明，还要明确说明。

违反告知的法律后果，同样包含投保人和保险人两方面。

对于投保人未履行告知义务。如果这种违反告知义务的行为是故意的，即隐瞒，保险人有权解除保险合同，若在保险人解约之前发生保险事故造成保险标的的损失，保险人可不承担赔偿或给付责任，且不退还保险费。如果这种违反告知义务的行为是因过失、疏忽，保险人同样可以解除保险合同，对在合同解除之前发生保险事故所致损失，不承担赔偿或给付责任，但可以退还保险费。

对于保险人未履行告知义务。如在订立保险合同时没有向投保人明确说明合同中关于保险人责任免除条款的，该条款不产生效力。如保险公司在保险业务中隐瞒了与保险合同有关的重要情况，欺骗投保人、被保险人或受益人，构成犯罪的，依法追究刑事责任；不构成犯罪的，由金融监督管理部门对保险公司处以一万元以上五万元以下的罚款。如保险公司承诺向投保人、被保险人或者受益人给予非法的保险费回扣或者其他利益的，由金融监督管理部门责令改正，对保险公司处以一万元以上五万元以下的罚款。

2）保证。保证是指保险双方在合同中约定，投保人或被保险人担保在保险期限内对某一事项的作为或不作为，或者担保某一事项的真实性。保证按存在的形式通常可分为明示保证和默示保证，二者具有同等的法律效力。

明示保证是指以文字或书面的形式载明于保险合同之中的保证，成为保险合同的条款。如机动车辆保险条款中必须对保险车辆妥善保管、使用、保养，使之处于正常技术状态。

默示保证是指习惯上社会公认的被保险人应遵守的规则，而不载明于合同中。如海上保险的默示保证：①保险的船舶必须有适航的能力；②按照设定的或习惯的航线航行；③必须从事合法的运输业务。

3）弃权与禁止反言

弃权是合同的一方当事人放弃按保险合同的规定可以享受的权利。禁止反言是当合同一方当事人在已经弃权的情况下，将来不得要求行使这项权利。

3. 损失补偿原则

（1）损失补偿原则的含义

损失补偿原则是指当保险事故发生时，被保险人从保险人所得到的赔偿应正好填补被保险人因保险事故所造成的保险金额范围内的损失。这是财产保险理赔的基本原则。

(2) 损失补偿原则的意义

在英国，损失补偿原则来自于禁止赌博的公共政策；而在我国，损失补偿原则来自于公平原则和禁止不当得利的规定。损失补偿原则禁止被保险人从保险中得利，从而减少了道德风险，维护了保险制度的正常运作，因此具有重要的现实意义。

(3) 损失补偿原则的内容

1) 保险赔偿金额应当公平合理，充分补偿，协商一致。通过补偿，使被保险人的保险标的在经济上恢复到受损前的状态，不允许被保险人因损失而获得额外的利益。补偿原则的实现方式通常有现金支付、修理、更换和重置。即"有损失有赔偿；损失多少赔偿多少"。

2) 保险金额是计算赔偿数额的依据，一般不允许超值保险。损失补偿原则以实际损失为限；以保险金额为限；以保险利益为限。

3) 防止道德危险的发生。保险合同是对被保险人的保险保障措施，并非其牟利的手段，所以要防止道德危险的发生。

4) 在善意的重复保险情况下，如果各保险人的保险金额总和超过了保险标的的价值，则应采用分摊原则分摊损失。

5) 在不足额保险的情况下，对被保险人所遭受的损失应采取比例赔偿方式进行赔偿。

4. 近因原则

近因原则是保险人对于承保范围的保险事故作为直接的、最接近的原因所引起的损失，承担保险责任，而对于承保范围以外的原因造成的损失，不负赔偿责任，是保险的基本原则之一。按照该原则，承担保险责任并不取决于时间上的接近，而是取决于导致保险损失的保险事故是否在承保范围内，如果存在多个原因导致保险损失，其中所起决定性的、最有效的，以及不可避免会产生保险事故作用的原因是近因。由于导致保险损失的原因可能会有多个，而对每一原因都投保，对投保人经济上不利且无此必要。因此，近因原则作为认定保险事故与保险损失之间是否存在因果关系的重要原则，对认定保险人是否应承担保险责任具有十分重要的意义。

10.2 保险合同

10.2.1 保险合同概述

1. 保险合同的概念

我国《保险法》规定：保险合同是投保人与保险人约定保险权利义务关系的协议。投保人是指与保险人订立保险合同，并按照保险合同负有支付保险费义务的人。保险人是指与投保人订立保险合同，并承担赔偿或者给付保险金责任的保险公司。

由于保险合同是投保人和保险人双方的法律行为，构成双务有偿合同，所以保险合同具有以下性质。

（1）保险合同为保险人和投保人之间的合约

合同必须为当事人意思表示一致的产物。保险合同的当事人为保险人和投保人。

保险合同除当事人之外，应当约定被保险人或者受益人。被保险人或者受益人可以为投保人本人或者第三人，但其均非保险合同的当事人，而为保险合同的关系人。保险关系人是保险合同成立和履行的不可或缺的因素，在发生保险事故或者保险合同约定的给付保险金的条件具备时，对保险人享有保险金请求权。需要特别注意的是，一般来说，在财产保险中不发生受益人的问题，被保险人即受益人，受益人通常存在于人身保险中。

（2）保险合同为第三人利益的涉他合同

涉他合同是合同当事人在合同中为第三人设定了权利或约定了义务的合同。《合同法》规定：涉他合同包括为第三人利益的合同与由第三人履行的合同。保险合同的当事人是保险人和投保人，受益人却可以不是投保人而是当事人以外的第三人。

（3）保险合同为双务合同

双务合同是双方当事人互负对待给付义务的合同，即一方当事人之所以负给付义务，在于取得对待给付而订立的合同。（所谓对待给付义务，即基于利益的交换而形成的双方给付互为依赖的义务关系，俗称“你与则我与，你不与则我亦不与”的义务对待关系。）保险合同的一方在发生保险事故造成损害时，或者在约定的给付保险金的其他条件具备时，有义务按照合同约定向他方给付保险金，而他方则负有支付保险费的义务。因保险人和投保人互负义务，故保险合同为双务合同。

（4）保险合同为有偿合同

有偿合同是指当事人一方享有合同规定的权益，须向对方偿付相应的代价的合同。投保人请求订立保险合同转移风险，要求保险人承担保险责任，应当按约定向保险人支付保险费。若投保人不支付保险费或者停止支付保险费，保险人不负担给付保险的责任。保险人向投保人收取保险费，相应地负担承担保险风险事故的赔偿责任。

2. 保险合同的特征

保险合同是一种以分散、转移危险为目的特殊合同类型，因此，它除了具有合同的一般特征外，还具有一些自身的特征。主要体现在以下几个方面：

（1）保险合同为诚信合同

保险人承保的保险标的的具体状况如何，在很大程度上依赖于投保人诚实和信用地提供有关保险标的的状况；而投保人或受益人是否能够及时得到保险补偿，在很大程度上也依赖于保险人。因此，《保险法》第五条规定：“保险活动当事人行使权利、履行义务应当遵循诚实信用原则。”保险人有不承担道德风险引发的风险的权利。

（2）保险合同为格式合同

现代保险业的发展，已经完全实现了保险合同的格式化。投保人在申请保险时，只能决定是否接受保险人出具的保险条款，而没有拟定或者充分磋商保险条款的自由。所以保险合同是典型的格式化合同。

（3）保险合同为射幸合同

如前所述，因保险事故或者给付保险金条件的发生的不确定性，在保险合同中，投保人支付保险费的义务虽在合同成立时已经确定，但保险人承保的危险或者保险合同中约定的给付保险金的条件发生与否，却均不能确定。在保险期限内，若发生保险事故，被保险人或者受益人可以取得成千上万倍于保险费的保险金，保险人则丧失成千上万倍已收取的保险费的利益；若不发生保险事故，保险人不负担给付保险金的义务，却取得投保人支付的保险费所带来的利益，投保人失去已支付保险费的利益。因此，保险合同是典型的射幸合同。

3. 保险合同的种类

对于保险合同的分类，有很多划分的标准，并且这些标准随着新的险种的出现，也在不断变化，以下介绍几种比较常用的标准。

1）依据保险标的的不同性质，将保险合同分为财产保险合同和人身保险合同。这是我国保险合同的基本分类方式。前者是以财产及其有关利益为保险标的的保险合同。后者是以人的寿命和身体为保险标的的保险合同。相关内容在后面的章节还会继续讲解。

2）根据保险的实施方式划分，保险合同可划分为自愿保险合同和强制保险合同。自愿保险合同是指投保人和保险人在自愿、平等、互利的基础上，经协商一致而订立的保险合同。自愿原则是保险合同订立的原则之一，也是民事很多原则在保险活动中的体现。

强制保险合同又称为法定保险合同，是指依据国家的法律规定而发生效力或者必须投保而订立的保险合同。强制保险合同是国家为了给特定范围的人提供基本保险保障，或者为了实施经济政策的需要，以颁布法律法规的形式实施的保险。凡属于法定范围内的人，必须按规定的条件办理保险事项。

3）根据保险人承担责任的次序不同分为原保险与再保险。原保险属于投保人与保险人之间建立起来的保险关系。保险人承保以后，基于风险管理的需要，可能会把承保的一定比例分给其他的保险公司，分出去的这部分对它来讲叫分出保险，对于接受的保险公司来讲叫分入保险，分出和分入统称为再保险。

4）依据保险人人数的不同分为单保险与复保险。此类保险与前面的分类不同，单保险与复保险是财产保险当中特有的分类。面对着危险只向一个保险公司进行投保，建立起来了保险合同关系，这样的保险就叫做单保险。复保险是指投保人面对同一标的、同一保险利益、同一保险事故分别向两个以上的保险人进行的投保。

4. 保险合同的主体与客体

保险合同的主体分为保险合同当事人、保险合同关系人和保险合同辅助人三类。

（1）保险合同当事人

1）保险人也称承保人，是与投保人订立合同，收取保险费，在保险事故发生时，对被保险人承担赔偿损失责任的人，在我国是专指保险公司。保险人经营保险业务除必须

取得国家有关管理部门授予的资格外，还必须在规定的业务范围内，开展经营活动。

2）投保人又称要保人、保单持有人，是指与保险人订立保险合同，并负有交付保险费义务的人。投保人应具备下列两个要件：第一，具备民事权利能力和民事行为能力。保险合同与一般合同一样，当事人应具有权利能力和行为能力；第二，对保险标的须具有保险利益。投保人对保险标的须有保险利益，即投保人对保险标的具有利害关系。投保人对于保险标的如不具有利害关系，订立保险合同无效。保险合同中的投保人可以是一方，也可以是多方，在再保险合同中的投保人必须由原保险人充当。

（2）保险合同的关系人

1）被保险人是指保险事故或事件在其财产或在其身体上发生而受到损失时享有向保险人要求赔偿或给付的人。被保险人可以是自然人、法人，也可以是其他社会组织，但须具备下列条件：第一，被保险人是保险事故发生时遭受损失的人。一旦发生保险事故，被保险人将遭受损害。但在财产保险与人身保险中，被保险人遭受损害的形式是不尽相同的。在财产保险中，因保险事故直接遭受损失的是保险标的，被保险人则因保险标的的损害而遭受经济上的损失。在人身保险中，因保险事故直接遭受损害的是保险人本人的身体、生命或健康。第二，被保险人是享有赔偿请求权的人。由于保险合同可以为他人的利益而订立，因而投保人没有保险赔偿金的请求权，只有请求保险人向被保险人或受益人给付保险赔偿金的权利。

2）受益人又称保险金领受人。受益人是指在人身保险合同中由被保险人或投保人指定的享有赔偿请求权的人。受益人应具备的要件：第一，受益人是由被保险人或投保人所指定的人。被保险人或投保人应在保险合同中明确受益人。第二，受益人是独立地享有保险金请求权的人。受益人在保险合同中，不负交付保费的义务，也不必具有保险利益，保险人不得向受益人追索保险费。第三，受益人的赔偿请求权并非自保险合同生效时开始，而只有在被保险人死亡时才产生。在被保险人生存期间，受益人的赔偿请求权只是一种期待权。受益人的受益权是直接根据保险合同产生的，可因下列原因消灭：①受益人先于被保险人死亡或破产或解散；②受益人放弃受益权；③受益人有故意危害被保险人生命安全的行为其受益权依法取消。在保险合同期间，受益人可以变更，但必须经被保险人的同意。受益人的变更无需保险人的同意，但应当将受益人的变更事宜及时通知保险人，否则变更受益人的法律效力不得对抗保险人。

（3）保险合同的辅助人

1）保险代理人。即保险人的代理人，指依保险代理合同或授权书向保险人收取报酬，并在规定范围内，以保险人名义代理经营保险业务的人。保险代理是一种特殊的代理制度，表现在：①保险代理人与保险人在法律上视为一人；②保险代理人所知道的事情，都假定为保险人所知的；③保险代理必须采用书面形式。保险代理人既可以是单位也可以是个人，但须经国家主管机关核准具有代理人资格。

2）保险经纪人。保险经纪人是基于投保人的利益，为投保人和保险人订立合同提供中介服务，收取劳务报酬的人。保险经纪人的劳务报酬由保险公司按保险费的一定比例支付。

保险合同的客体是指保险合同当事人双方权利和义务所指向的对象，是财产及其相关利益或者人的生命或身体，即体现保险利益的保险标的。

10.2.2 保险合同的效力

1. 保险合同的订立与效力

(1) 保险合同的订立

保险合同的订立是指保险人与投保人在平等自愿的基础上就保险合同的主要条款经过协商最终达成协议的法律行为。与订立其他合同一样，保险合同的订立也要经过要约和承诺两个步骤。

要约（又称“订约提议”）是指一方当事人就订立合同的主要条款，向另一方提出订约建议的明确的意思表示。提出要约的一方为要约人，接受要约的一方为受约人。就保险合同的订立而言，要约即为提出投保要求。由于保险合同通常采用格式合同，所以，保险合同的订立通常是由投保人提出要约，即投保人填写投保单，向保险人提出保险要求。

承诺（又称“接受提议”）是指当事人一方表示接受要约人提出的订立合同的建议，完全同意要约内容的意思表示。要约一经承诺，合同即告成立。在保险合同订立过程中，保险人对投保人提出的投保申请作出同意并订立保险合同的意思表示就是承诺，即同意承保。保险合同的最终承诺人只能是保险人。

(2) 保险合同的书面形式

《保险法》第十三条规定：“投保人提出保险要求，经保险人同意承保，并就合同的条款达成协议，保险合同成立。保险人应当及时向投保人签发保险单或者其他保险凭证，并在保险单或者其他保险凭证中载明当事人双方约定的合同内容。”

1）保险单是投保人与保险人之间订立保险合同的正式书面凭证。

2）暂保单又称“临时保单”，是保险人签发正式保险单之前发出的临时凭证，证明保险人已经接受投保人投保，是一个临时保险合同。财产保险的暂保单又称暂保条。人身保险的暂保单又称暂保收据。但他们的法律效力与正式保险单完全相同，只是有效期较短，一般为30天。

3）保险凭证又称“小保单”，实际上是一种简化了的保险单，凭证上不印保险条款，只有有关项目，但其与保险单具有同样的法律效力。我国的货物运输保险、团体人寿保险和机动车辆第三者责任保险中，大量使用了保险凭证。

4）其他书面形式。在保险合同其他书面形式中，保险协议书是重要的书面形式。

(3) 保险合同的效力

1）保险合同的成立。保险合同的成立是指投保人与保险人就合同的条款达成协议。但是，保险合同的成立并不一定意味着保险责任的开始。

2）保险合同的生效。保险合同的生效是指依法成立的保险合同条款对合同当事人产生约束力。一般情况下合同一经成立即生效，双方便开始享有权利，承担义务。但是，保险合同往往是附条件、附期限生效的合同，只有当事人的行为符合所附条件或达到所附期限时，保险合同才生效。我国保险实践中普遍推行的“零时起保制”，就是指保险合同的生效时间是在合同成立的次日零时或约定的未来某一日的零时。

3）保险合同的有效与无效。保险合同的有效是指保险合同具有法律效力并受国家法律保护。保险合同的无效是保险合同不具有法律效力，不被国家保护。保险合同无效须由人民法院或仲裁机构进行确认。保险合同无效可以分为全部无效和部分无效。保险合同的全部无效是指其约定的全部权利和义务自始不产生法律效力。如投保人对保险标的不具有保险利益，或保险标的不合法的保险合同等均属于全部无效的保险合同。保险合同部分无效是指保险合同某些条款的内容无效，但合同的其他部分仍然有效。如善意的超额保险中超额部分无效，保险金额以内部分仍然有效。

> 讨论 保险合同的无效是不是代表保险合同失效呢？

保险合同的无效不同于保险合同的失效。保险合同被确认无效后，即自始无效，是绝对无效；而保险合同失效则是由于某种事由的发生，使保险合同的效力暂时中止，而非绝对无效，待条件具备时合同效力仍可恢复。

2. 保险合同的履行

（1）投保人必须履行的义务

投保人必须履行的义务包括缴纳保险费的义务、危险增加的通知义务、保险事故发生后的通知义务、接受保险人检查，维护保险标的的安全的义务、积极施救义务、提供索赔单证、领取保险金等义务。

（2）保险人必须履行的义务

根据保险合同的规定，对事故的原因和损失情况进行调查，给付保险赔偿金和保险金的义务以及支付其他合理必要的费用。这些费用包括为防止或者减少保险标的损失所支付的合理、必要费用，查明和确定保险事故的性质、原因和保险标的的损失程度所支付的合理、必要的费用，诉讼费或者仲裁以及其他必要、合理的费用。

3. 保险合同的变更、中止及终止

（1）保险合同的变更

保险合同的变更广义上指保险合同成立后发生的各种变动，包括保险合同主体的变更、保险合同内容的变更和保险合同效力的变更。狭义上指保险合同内容的变更，即保险合同生效后，没有履行或没有完全履行之前，因订立合同所依据的主客观情况发生变化，由当事人依照法律规定的条件和程序，对原合同的某些条款进行修改或补充。

在变更保险合同时，保险人应当在原保险单或其他保险凭证上批注，以资证明和确认保险合同的变更。

> 想一想 如果不小心忘记交保费，保险合同失效了，怎么办？

（2）保险合同的中止

保险合同的中止是指保险合同暂时失去效力，它仅适用于人身保险合同。人身保险

的保险合同生效后，如果投保人未按期缴纳保险费，并超过了60天的宽限期，保险合同的效力中止。在保险合同中止前的宽限期内如果发生了保险事故，保险人应承担赔付责任；但如果是在保险合同中止后发生的保险事故，保险人不承担赔付责任。保险合同的中止并不意味着保险合同的解除，经过一定的程序仍然可以恢复法律效力。

保险合同效力中止后，经保险人与投保人协商并达成协议，在投保人补交保险费后，可以恢复保险合同的效力。但是按照《保险法》的规定，自合同效力中止之日起两年内双方未达成协议的保险人有权解除合同。

（3）保险合同的终止

保险合同的终止是保险合同成立后因法定的或约定的事由发生，法律效力消灭的法律事实。导致保险合同终止的原因多种多样，主要有以下几个方面：

1）自然终止。自然终止是指已生效的保险合同因发生法定或约定事由导致合同的法律效力不复存在的情况。这些情况通常包括：保险合同期限届满、合同生效后承保的风险消失、保险标的因非保险事故的发生而完全灭失、合同生效后投保人未按规定的程序将合同转让等。

2）履约终止。履约终止是指在保险合同的有效期内，约定的保险事故已发生，保险人按照保险合同承担了给付全部保险金的责任，保险合同即告结束。

3）合同解除。保险合同的解除是指保险合同期限尚未届满前，合同一方当事人依照法律或约定行使解除权，提前终止合同效力的法律行为。保险合同的解除具有溯及既往的效力，保险人一般要退还全部或部分保险费。

4. 保险合同的解释与争议处理

合同解释是指当对合同条款的意思发生歧义时，法院或者仲裁机构按照一定的方法和规则对其做出的确定性判断。

保险合同争议处理的方式：对保险业务中发生的争议，可采取和解、调解、仲裁和司法诉讼四种方式来处理。

10.3 财产保险与人身保险

10.3.1 财产保险

1. 财产保险概述

财产保险是指以各种物质财产及有关利益、责任和信用为保险标的的保险。它由投保人根据合同约定，向保险人交付保险费，保险人按保险合同的约定对所承保的财产及其有关利益因自然灾害或意外事故造成的损失承担赔偿责任的保险。财产保险是现代保险业的两大部类之一。在国际上，通常不是将保险业划分为财产保险与人身保险，而是根据各种保险业务的性质和经营规则，将整个保险业务划分为非寿险和寿险，其中非寿

险是指寿险之外的一切保险业务的总称。在我国，《保险法》将保险业务划分为财产保险与人身保险两大类。

2. 企业财产保险

（1）企业财产保险的含义

企业财产保险是指以投保人存放在固定地点的财产和物资作为保险标的的一种保险。企业财产保险的保险标的存放地点相对固定处于相对静止状态。企业财产保险是我国财产保险业务中的主要险种之一，一切工商、交通、服务企业、国家机关、社会团体等均可投保企业财产保险，其适用范围很广，对一切独立核算的法人单位均适用。

（2）企业财产保险的分类

企业财产按是否可保的标准分为三类，即可保财产、特约可保财产和不保财产。

1）可保财产。包括房屋、建筑物及附属装修设备，机器及设备，工具、仪器及生产用具，交通运输工具及设备，账外或已摊销的财产，代保管财产等。

2）特保财产。包括金银、珠宝、玉器、首饰、古玩、古画、邮票、艺术品、稀有金属和其他珍贵财物；堤堰、水闸、铁路、涵洞、桥梁、码头等。

3）不可保财产。包括土地、矿藏、矿井、矿坑、森林、水产资源以及未经收割或收割后尚未入库的农作物；无法鉴定价值的文件、账册、图表、技术资料等财产；违章建筑、危房以及应投保其他险种的财产。

（3）企业财产保险的责任

企业财产保险的保险责任分为基本责任、除外责任和特约责任。

1）基本责任。基本责任是指投保人要求保险人承担的赔偿责任，包括自然灾害或意外事故。如火灾、爆炸、雷电、暴风、龙卷风、洪水、地陷、崖崩、突发性滑坡、雪灾、雹灾、冰凌、泥石流以及空中运行物体坠落等。被保险人的供电、供水、供气设备在遭受保险条款中列明的自然灾害或意外事故而造成的损失，以及由于这些设备损坏引起停电、停水、停气，以致直接造成的保险财产的损失，包括机器设备、在产品和贮藏物品的损坏或报废；在发生上述灾害和事故时，为了抢救财产或防止灾害蔓延，采取合理的、必要的措施而造成的保险财产的损失，以及为了减少被保险财产损失，采取施救、保护措施而支出的合理费用。

2）除外责任。企业财产保险中的除外责任包括战争、军事行动，核辐射或污染，被保险人的故意行为。被保险财产遭受保险条款所列明的自然灾害或意外事故引起的停工、停业的损失以及各种间接损失；被保险财产本身缺陷、保管不善导致的损失；被保险财产的变质、霉烂、受潮、虫咬、自然磨损以及损耗；堆放在露天或罩棚下的被保险财产以及罩棚，由于暴风、暴雨造成的损失及其他不属于保险责任范围内的损失和费用。

3）特约责任。特约责任又称附加责任，是指责任免除中不保的责任或另经双方协商同意后特别注明由保险人负责保险的危险。特约责任一般采用附贴特约条款承保。有的特约责任也以附加险形式承保，主要有矿下财产保险，露堆财产保险，特约盗窃保险，堤堰、水闸、涵洞特约保险等。

(4) 企业财产保险的时间

企业财产保险的保险期限通常为 1 年。在保险单到期前，保险人应通知投保人办理续保手续。一般根据保险登记簿填制“到期通知单”送交投保人，以便到期办理续保手续，避免保险中断。

(5) 企业财产保险的分类

企业财产保险主要有财产基本险和综合险两大类，以及若干附加险。财产基本险和综合险的主要区别在于综合险的保险责任比基本险的范围要广一些。

财产基本险的保险责任有以下几点：

1) 因火灾、爆炸、雷击、飞行物体及其他空中运行物体坠落所致损失。

2) 被保险人拥有财产所有权的自用供电、供水、供气设备因保险事故遭受损坏，引起停电、停水、停气以致造成保险标的的直接损失。

3) 发生保险事故时，为了抢救保险标的或防止灾害蔓延，采取合理必要的措施而造成保险财产的损失。

4) 在发生保险事故时，为了抢救、减少保险财产损失，被保险人对保险财产采取施救、保护措施而支出的必要、合理费用。

财产综合险的保险责任主要是在基本险责任的基础之上增加了因暴雨、洪水、台风、暴风、龙卷风、雪灾、雹灾、冰凌、泥石流、崖崩、突发性滑坡、地面下陷下沉所致的损失。

3. 家庭财产保险

(1) 家庭财产保险的含义

家庭财产保险简称家财险，是以城乡居民室内的有形财产为保险标的的保险，是个人和家庭投保的最主要险种。家庭财产保险为居民或家庭遭受的财产损失提供及时的经济补偿，有利于安定居民生活，保障社会稳定。

根据被保险人的不同需要，家庭财产保险保险期限分为普通家庭财产保险（保险期限为 1 年期）、定期还本家庭财产保险（保险期限为 1 年期、3 年期和 5 年期）及利率联动型家庭财产保险。家财险保险金额由被保险人根据保险财产的实际价值确定，并且按照保险单上规定的保险财产项目分别列明。

(2) 普通家庭财产保险

普通家庭财产保险是采取交纳保险费的方式，保险期限为 1 年，从保险人签发保单零时起，到保险期满 24 小时止。没有特殊原因，中途不得退保。保险期满后，所交纳的保险费不退还，继续保险需要重新办理保险手续。

(3) 到期还本型家庭财产保险

它的承保范围和保险责任与普通家财险相同。到期还本型家庭财产保险具有灾害补偿和储蓄的双重性质。投保时，投保人交纳固定的保险储金，储金的利息转作保费，保险期满时，无论在保险期内是否发生赔付，保险储金均返还投保人。

(4) 利率联动型家庭财产保险

随着物价指数的上涨和央行不断升息，人们对保险保障提出了更高的要求。利率联

动型家庭财产保险应运而生。投保此类险种除拥有相应的保障责任外，如遇银行利率调整，随1年期银行存款利率同步、同幅调整，分段计息，无论是否发生保险赔偿，期满均可获得本金和收益。

4. 机动车辆保险

机动车辆保险是以机动车辆本身及其第三者责任等为保险标的的一种运输工具保险。其保险客户主要是拥有各种机动交通工具的法人团体和个人；其保险标的主要是各种类型的汽车，也包括电车、电瓶车等专用车辆及摩托车等。其形式一般包括基本险和附加险两部分。

（1）基本险

1）车辆损失保险。车辆损失保险的保险责任，包括碰撞责任与非碰撞责任，其中碰撞是指被保险车辆与外界物体的意外接触，如车辆与车辆、车辆与建筑物、车辆与电线杆或树木、车辆与行人、车辆与动物等碰撞，均属于碰撞责任范围之列；非碰撞责任，则包括保险单上列明的各种自然灾害、意外事故等引起的车辆损失。在除外责任方面，保险人对战争、军事行动或暴乱等导致的损失、被保险人故意行为或违章行为导致的损失、被保险人车辆自身缺陷导致的损失以及未履行相应的义务（如增加挂车而未事先征得保险人的同意等）的情形下出现的损失，保险人均不负责赔偿。

想一想 本车的驾驶人员及本车上的一切人员和财产在交通事故中的损失，是否在第三者责任保险负责赔偿之列呢？

2）第三者责任保险。机动车辆第三者责任险，是承保被保险人或其允许的合格驾驶人员在使用被保险车辆时，因发生意外事故而导致的第三者的损害索赔危险的一种保险。由于第三者责任保险的主要目的在于维护公众的安全与利益，因此，在实践中通常作为法定保险并强制实施。

（2）附加险

机动车辆的附加险是机动车辆保险的重要组成部分。从中国现行的机动车辆保险条款看，主要有附加盗窃险、附加自然损失险、附加新增加设备损失险、附加不计免赔特约险、附加驾驶员意外伤害险、附加乘客意外责任保险等，保险客户可根据自己的需要选择加保。

5. 国内货物运输保险

国内货物运输保险是以在国内运输过程中的货物为保险标的，在标的物遭遇自然灾害或意外事故所造成的损失时给予经济补偿的险种。按照运输方式可分为直运货物运输保险、联运货物运输保险和集装箱运输保险。按照运输工具可分为水上货物运输保险、陆上货物运输保险和航空货物运输保险。

国内货物运输保险险种常用的划分包括：①水路、铁路、公路、航空和联合运输保险；②邮包运输保险；③危险物品运输保险；④旅客行包托运保险。

此外还有其他保险如责任保险、信用（保证）保险及农业保险等。

10.3.2 人身保险

1. 人身保险的概述

（1）人身保险的定义

人身保险是以人的寿命和身体为保险标的的保险。当人们遭受不幸事故或因疾病、年老以致丧失工作能力、伤残、死亡或年老退休时，根据保险合同的约定，保险人对被保险人或受益人给付保险金或年金，以解决其因病、残、老、死所造成的经济困难。

人身保险的种类很多，但总体上可分为传统型保险和新型保险两大部分。

传统型保险按照保障范围可划分为人寿保险、人身意外伤害保险和健康保险。人寿保险又分为定期寿险、终身寿险、两全保险、年金保险等。健康保险则又可分为疾病保险、医疗保险、失能收入损失保险、护理保险等。新型的人身保险主要是将保障和投资融于一体的新型投资型险种，主要包括分红型、万能型和投资连接型等三种类型。

（2）人身保险的特点

1）定额给付性质的保险合同。与大多数财产保险是补偿性合同不一样的是，人身保险的标的物是人，而人的生命是无价的，所以大多数人身保险不是补偿性合同，而是定额给付性质的合同，只能按事先约定金额给付保险金。只有健康保险中有一部分是补偿性质，如医疗保险。

2）长期性保险合同。人身保险的特点之一就是其保险期限长。个别人身保险险种期限较短，有几天，甚至几分钟的，如旅客意外伤害保险和高空滑车保险，则另当别论。

3）储蓄性保险。大多数人身保险由于期限比较长，其交纳保费的大部分可被保险公司再利用，作为投资取得收入，所以它不仅能提供经济保障，同时还可兼有储蓄性质。也就赋予了投保人或被保险人享有保单质押贷款、退保和选择保险金给付方式等权利。财产保险的被保险人则没有这些权利。

4）不存在超额投保、重复保险和代位求偿权等问题。由于人身保险的保险利益难以用货币衡量，所以人身保险一般不存在超额投保和重复保险问题。但保险公司可以根据被保险人的需要和收入水平加以控制，使保险金额不高的过分。同样代位求偿权原则也不适用于人身保险。如果被保险人的伤害是由第三者造成的，被保险人或其受益人既能从保险公司取得保险金，又能向肇事方提出损害赔偿要求，保险公司不能行使代位求偿权。

2. 人寿保险

人寿保险是人身保险的一种，和所有保险业务一样，被保险人将风险转嫁给保险人，接受保险人的条款并支付保险费。与其他保险不同的是，人寿保险转嫁的是被保险人的生存或者死亡的风险。他分为以下险种：

（1）定期人寿保险

它是以被保险人在保单规定的期间发生死亡，故受益人有权领取保险金，如果在保险期间内被保险人未死亡，保险人无需支付保险金也不返还保险费，简称“定期寿险”。

该保险大都是对被保险人在短期内从事较危险的工作提供保障。

(2) 终身人寿保险

终身人寿保险是一种不定期的死亡保险，简称“终身寿险”。保险责任从保险合同生效后一直到被保险人死亡之时为止。由于人的死亡是必然的，因而终身保险的保险金最终必然要支付给被保险人。由于终身保险保险期长，故其费率高于定期保险，并有储蓄的功能。

(3) 生存保险

生存保险是指被保险人必须生存到保单规定的保险期满时才能够领取保险金。若被保险人在保险期间死亡，则不能主张收回保险金，亦不能收回已交保险费。

(4) 生死两全保险

它是定期人寿保险与生存保险两类保险的结合。生死两全保险是指被保险人在保险合同约定的期间里假设身故，身故受益人则领取保险合同约定的身故保险金；被保险人继续生存至保险合同约定的保险期期满，则投保人领取保险合同约定的保险金的人寿保险。这类保险是目前市场上最常见的商业人寿保险。

(5) 养老保险

养老保险由生存保险和死亡保险结合而成，是生死两全保险的特殊形式，被保险人不论在保险期内死亡或生存到保险期满，均可领取保险金。既可以排除家属因被保险人死亡带来的经济压力，又可使被保险人在保险期结束时获得一笔资金以养老。

3. 人身意外伤害保险

人身意外伤害保险是人身保险的一种，简称意外伤害保险，指在保险有效期间内，如果被保险人遭受意外伤害而因此在责任期限内不幸残疾或身故，由保险公司给付身故保险金或残疾保险金。可分为个人意外伤害保险和团体意外伤害保险二类。

意外伤害应具备的条件：①外来因素造成的；②突发的；③意外发生的；④非疾病的；⑤身体受到伤害。意外伤害的对象必须是被保险人的身体所属部位，且伤害事实成立，如：虽触电但未伤及身体，则属伤害事实不成立。

(1) 个人意外伤害保险

个人意外伤害保险是指以被保险人在日常生活、工作中可能遇到的意外伤害为标的的保险，保险期限一般较短，以1年或1年以下为期。

(2) 团体意外伤害保险

团体意外伤害保险是指社会组织为了防止本组织内的成员因遭受意外伤害致残或致死而受到巨大的损失，以本社会组织为投保人，以该社会组织的全体成员为被保险人，以被保险人因意外事故造成的人身重大伤害、残废、死亡为保险事故的保险。

4. 健康保险

健康保险是以被保险人在保险期间内因疾病不能从事正常工作，或因疾病造成残疾或死亡时由保险人给付保险金的保险。健康保险的保险费率与被保险人的年龄、健康状况密切相关，保险公司往往要求被保险人体检，规定观察期或约定自负额，承保比较严格。健康险承保的主要内容有两大类：一是由于疾病或意外事故而发生的医疗费用；二是由于疾病或意外伤害事故所致的其他损失。健康保险包括医疗保险、失能保险和护理保险，其中，最常见的是医疗保险（包括疾病医疗保险和意外医疗保险）。

疾病保险中最重要的是重大疾病保险。重大疾病保险是指由保险公司经办的以特定重大疾病，如恶性肿瘤、心肌梗死、脑溢血等为保险对象，当被保险人患有上述疾病时，由保险公司对所花医疗费用给予适当补偿的商业保险行为。

重大疾病保险一般采用提前给付方式进行理赔，即被保人一经确诊患有保险合同中所定义的重大疾病，保险公司立即给予一次性支付保险金额，不存在实报实销情况。

练 习 题

一、单项选择题

1．已生效的保险合同因发生法定或约定事由导致合同的法律效力不复存在的情况，叫做保险合同的（　　）。

A．自然终止　　B．履约终止

C．合同解除　　D．以上都不是

2．企业财产保险的保险期限通常为（　　）。

A．1年　　B．两年

C．半年　　D．无限期

3．承保被保险人或其允许的合格驾驶人员在使用被保险车辆时，因发生意外事故而导致的第三者的损害索赔危险的一种保险是（　　）。

A．车辆损失保险　　B．第三者责任保险

C．附加乘客意外责任保险　　D．其他保险

二、多项选择题

1．保险的特征包括（　　）。

A．经济性　　B．互助性　　C．法律性　　D．科学性

2．保险的基本职能包括（　　）。

A．转移风险　　B．投资　　C．防灾防损　　D．补偿损失

3．依据保险标的的不同性质，将保险合同分为（　　）。

A．财产保险合同　　B．人身保险合同　　C．自愿保险合同　　D．强制保险合同

4．保险合同的当事人包括（　　）。

A．保险人　　B．被保险人　　C．投保人　　D．受益人

5．保险合同的书面形式（　　）。

A．保险单　　B．暂保单　　C．保险凭证　　D．保险协议书

三、判断题

1．保险利益是指投保方对保险标的所具有的法律上承认的经济利益。（　　）

2．保险人的告知形式有无限告知和询问回答告知两种。（　　）

3．损失补偿原则是指当保险事故发生时，被保险人从保险人所得到的赔偿应正好填补被保险人因保险事故所造成的保险金额范围内的损失。这是人身保险理赔的基本原则。（　　）

四、填空题

1．风险一般由____________、____________和____________三个要素组成。

2．保险的互助性体现为____________、____________的思想。

3．国内货物运输保险按照运输工具可分为____________、____________和____________等。

4．保险合同的订立要经过____________和____________两个步骤。

参 考 文 献

财政部会计资格评价中心．2010．经济法基础．北京：经济科学出版社．

操良利．2009．财政与金融．成都：西南交通大学出版社．

黄达．2000．货币银行学．成都：四川人民出版社．

李海波．2006．新编财政与金融．上海：立信会计出版社．

刘雄英．2007．财政金融基础．北京：电子工业出版社．

倪成伟．2009．财政与金融．北京：高等教育出版社．

孙文基．2000．新编财政金融基础．北京：中国审计出版社．

汪正干．2010．财税金融．上海：华东师范大学出版社．

杨志勇，张馨．2005．公共经济学．北京：清华大学出版社．

周先建．2010．纳税实务．北京：科学出版社．